Domplatz von Como

Zwischen Palmen und ewigem Schnee

Dem landschaftlichen Reiz der oberitalienischen Seen erliegen seit der Antike ihre Besucher; der Zusammenklang aus Bergen, die ewiger Schnee verzuckert, aus Wasserflächen, die von Steilwänden bis in Gartenlandschaften reichen, gepaart mit einem milden Klima, das keine kalten Windströmungen kennt – dieser Zusammenklang lockte die Alten, angefangen von keltischen Stämmen, er lockte die Reichen Europas, die vom Fin de siècle bis zum Ersten Weltkrieg die oberitalienischen Seen zu ihrer Sommerfrische erkoren, und er lockt die Feriengäste unserer Zeit, die eine perfekte touristische Infrastruktur vorfinden.

Ferien mit Hintergrund

Wasser und Berge garantieren eine weitgefächerte Angebotspalette für den modernen Aktivurlauber: alle Arten von Wassersport, alle Arten von Bergsport.

Vom einfachen Wandervergnügen bis zur alpinistischen Herausforderung (Lecco hat eine berühmte Kletterschule), dazu die luftigen Abwechslungen wie Drachenfliegen oder Paragliding, die heute in einer herrlichen Landschaft aus Bergen und Seen unvergeßliche Eindrücke bescheren. Und für den Faulenzer winken schattige Plätze unter Palmen.

Aber die frühen Besucher des Seengebiets hinterließen Spuren, durch die auch der kunstsinnige Besucher voll auf seine Kosten kommt. Aus dem frühen Mittelalter ist im Seengebiet eine Reihe präromanischer Sakralbauten erhalten, die allein eine Reise wert sind; Langobarden und ihre Nachfolger, die Franken, schufen diese Vermächtnisse aus Stein. Aus dem Spätmittelalter, als das Heilige Land für Pilger nicht mehr zugänglich war, stammen die »Sacri Monti«, die heiligen Berge, an denen die Wallfahrt nach Jerusalem symbolisch nachvollzogen wurde; die Volksfrömmigkeit sorgte für reiche künstlerische Ausschmückung dieser Ziele.

Das Reisegebiet

Die Grenzen des vorgestellten Reisegebiets sind weder politisch noch geographisch, sondern rein touristisch zu verstehen. Es umfaßt die großen Seen Lago Maggiore, Lago di Como und Luganer See samt Umland und reicht vom Ortasee im Westen bis zu den Gipfeln über der Valsassina im Osten, von Locarno im Norden bis zum Varesotto und zur Brianza im Süden: ein Gebiet, das etwa 3500 km² groß und bis zu 2,5 km »hoch« ist. Rund vier Fünftel teilen sich die italienischen Provinzen Novara, Varese und Como, der Rest gehört zur Schweiz (Kanton Tessin).

Bodengestalt

Beide großen Seen, der Lago Maggiore und noch mehr der Lago di Como, liegen an der Südabdachung der Alpen und sind von einer mächtigen Bergkulisse mit teilweise extremen Höhenunterschieden umgeben. So überragt der Monte Leg none (2609 m) den Comer Seespiegel um mehr als 2400 m – und das bei einer horizontalen Entfernung von nur 6 km. Er ist der höchste Gipfel innerhalb des Reisegebietes und gehört wie das Grignemassiv (2409 m) und der Resegone (1875 m) zu den Bergamasker Alpen.

Westlich schließen die Tessiner Alpen an, im Bereich des Sotto Ceneri und des Lago Maggiore nicht ganz so hoch, aber immerhin noch mit einigen Zweitausendern (Monte Gazzirola, 2116 m; Gridone, 2188 m). Am Ostfuß der Walliser Alpen ist der kleinere Lago d'Orta durch den Mottarone (1491 m) vom Lago Maggiore getrennt.

Die großen Seen am Alpenrand wie auch die oberitalienischen Seen haben eine »eisige« Vergangenheit; sie sind die Hinterlassenschaft mächtiger Gletscherströme, die im Alpenvorland weitgefächerte Moränenlandschaften (Varesotto, Brianza) hinterlassen haben.

Die beiden wichtigsten Flüsse im Bereich der »insubrischen Seen« (so genannt nach dem in Vorzeiten hier ansässigen Keltenstamm, den Insubrern) sind die Adda, die unweit vom Stilfser Joch an der Grenze zu Graubünden entspringt, und der Ticino (Tessin), dessen Quellgebiet sich am Nufenenpaß befindet. Sie durchlaufen den Comer See bzw. den Lago Maggiore und münden bei Cremona bzw. Pavia in den größten italienischen Fluß, den Po.

Pflanzen- und Tierwelt

Die Vielgestaltigkeit der Berg-Seen-Landschaft spiegelt sich auch in der Flora wider. Neben alpinen Pflanzen gedeiht im Seengebiet auch eine reiche subtropische Parkflora (Oleander, Kamelien, Agaven, Zypressen usw.); Rhododendren blühen in den Villengärten ebenso wie oben am Berg. Vor allem die Grigne – das bedeutendste Kalkmassiv der Region – zeichnet sich durch eine artenreiche Flora aus; darunter finden sich auch verschiedene Arten, die nur in den Südalpen vorkommen.

Im Waldbestand fällt neben der Buche und der Tanne vor allem die Kastanie (Castanea sativa) auf, deren Früchte, die Maroni, einst Volksnahrung, heute auch nördlich der Alpen gerne gegessen werden.

Auch die insubrische Fauna kann mit einigen Besonderheiten aufwarten, selbst wenn in den alpinen Regionen Gemsen und Murmeltiere ziemlich selten geworden sind.

Häufig begegnet man dafür Reptilien, vor allem natürlich Eidechsen (Mauereidechsen und farbenprächtige Smaragdeidechsen), weniger den Schlangen, von denen verschiedene harmlose Natterarten (darunter die Äskulapnatter, die bis 2 m lang werden kann), aber auch zwei giftige Spezies, die Kreuzotter und die Aspisviper, hier heimisch sind.

Der Fischbestand in den großen Seen ist stark zurückgegangen (was u. a. auch auf Überdüngung zurückzuführen ist); immerhin werden neben dem Barsch auch Hecht, Karpfen, Schleie und Felchen gefangen.

Naturschutz

Im oberitalienischen Seengebiet gibt es mehrere Naturschutzgebiete, so beispielsweise im Mündungsbereich des Ticino *(Bolle di Magadino)* wie auch an seinem Unterlauf *(Parco del Ticino).* Dem Besucher sollte aber bewußt sein, daß die Umwelt nicht nur dort Schutz verdient (und auch braucht), wo entsprechende Schongebiete ausgewiesen sind. Im Tessin wie auch in den italienischen Regionen Piemont und Lombardei gelten strenge Bestimmungen zum Schutz der Flora; in der Südschweiz besitzen heute die meisten Ortschaften mehrstufige Kläranlagen. Der Lombardei stehen da noch gewaltige Aufgaben ins Haus (man braucht nicht nur an das Negativbeispiel Mailand zu denken).

Klima

Das Tessin gilt als »Sonnenstube« der Schweiz, womit vor allem die Seenregion um Locarno und Lugano gemeint ist. So verzeichnet beispielsweise der Monte Brè bei Lugano eine Rekord-Sonnenscheindauer (etwa 2200 Std. pro Jahr). Allerdings gibt es weder am Lago Maggiore noch am Comer See eine Schönwettergarantie. Schlechtwetterperioden sind zwar selten, typisch aber kurze, heftige Niederschläge; bedingt durch die

Polyglott-Reiseführer

Lago Maggiore

Comer See/Luganer See

Mit 15 Illustrationen sowie 12 Karten und Plänen

Allgemeines

Stadtbeschreibungen

Reiserouten

Polyglott-Verlag München

Herausgegeben von der Polyglott-Redaktion
Verfasser: Eugen E. Hüsler, Polyglott Redaktion
Illustrationen: Vera Solymosi-Thurzó
Karten und Pläne: Gert Oberländer nach Entwürfen
der Polyglott-Kartographie
Umschlaggestaltung: Christa Manner, München
Fotograf: Bernd Ducke / Superbild
Typographie: Brigitte und Hans Peter Willberg

Wir danken dem Staatlichen Italienischen Fremdenverkehrsamt ENIT,
München, für die uns gewährte Unterstützung.

Ergänzende Angaben, für die wir jederzeit dankbar sind,
bitten wir zu richten an:
Polyglott-Verlag, Redaktion, Postfach 40 11 20, 8000 München 40.

Alle Angaben wurden sorgfältig überprüft. Dennoch kann
eine Gewähr für Vollständigkeit und Richtigkeit nicht übernommen werden.

Zeichenerklärung:

ⓘ Information ☎ Telefon ◷ Öffnungszeiten
✈ Flugverbindungen ⛴ Schiffsverbindungen
Bahnverbindungen Autobusverbindungen
Erstklassige Hotels Gute Hotels
Einfache Hotels und Pensionen
Jugendherbergen Campingplätze

Die im Text bei Sehenswürdigkeiten in eckigen Klammern stehenden Ziffern decken sich mit den auf den Plänen angegebenen Ziffern.

Kilometerangaben hinter Ortsnamen zeigen die Entfernung vom Beginn der jeweiligen Route aus an.

Farbige Ziffern am Seitenrand weisen auf die Routennummern hin.

Aussprache des Italienischen:

c	vor *a, o, u* und Konsonanten wie k, vor *e* und *i* wie tsch
ch	(nur vor *e* und *i*) wie k
ci	(nur vor *a, o, u*) wie tsch (ohne i!)
g	vor *a, o, u* und Konsonanten wie g, vor *e* und *i* wie dsch
gh	(nur vor *e* und *i*) wie g
gi	(nur vor *a, o, u*) wie dsch (ohne i)
gli	vor Vokalen wie lj
gn	wie nj
sc	vor *a, o, u* wie sk, vor *e* und *i* wie sch
sch	(nur vor *e* und *i*) wie sk
sci	(nur vor *a, o, u*) wie sch
v	wie w
z	wie ds

Betont werden die Wörter meist auf der vorletzten Silbe. Die italienische Rechtschreibung gibt nur die Betonung der letzten Silbe durch den Akzent ` an (Unità).

Komplett aktualisierte Auflage 1993/94
Redaktionsschluß: Juli 1992

Printed in Germany / Druckhaus Langenscheidt Berlin / Bn. IX. Eu. / II.
ISBN 3-493-60917-5

Alpenrandlage kommt es bei südlichen Winden zu Stau- und Steigungsregen. Dagegen schützt der Alpenwall die Region vor feuchten atlantischen Weströmungen und kalten Nordwinden, das riesige Wasserreservoir der Seen sorgt für ein ausgeglichenes Klima im Sommer wie im Winter.

Bevölkerung und Sprache

Charakteristisch für das Seengebiet ist die außerordentlich unterschiedliche Bevölkerungsdichte. Während die Vororte der größeren Zentren ständig wachsen, hält in den alpinen Regionen, die nicht vom Tourismus profitieren, die Abwanderung an.

Südlich des Gotthard wird italienisch gesprochen (auch wenn böse Zungen mitunter von einer »Germanisierung« des Tessin sprechen); das Lombardische, früher in zahlreichen Dialekten verbreitet, wird immer mehr vom (toskanischen) Italienisch verdrängt.

Wirtschaft

Die Lombardei gilt als wirtschaftliches »Kraftwerk« Italiens, und so verwundert es nicht, daß auch die Alpenrandregion mit ihren Städten (Varese, Como, Lecco) stark von Industrie und Gewerbe geprägt ist. Am deutlichsten zeigt sich das wohl in der Brianza (Möbelindustrie) und um Como, das traditionell zwar als »Città della seta«, als »Seidenmetropole« gilt, sich in den letzten drei Jahrzehnten aber wie Varese zur Industriestadt entwickelt hat. Die Seidenfabrikation hatte auch in Lecco und am Comer See Tradition, heute bestimmt vor allem die eisenverarbeitende Industrie das Bild der Stadt. Ein wichtiger Wirtschaftszweig ist natürlich der Tourismus, von großer Bedeutung (vor allem im Tessin) das Bankwesen.

Klimatabelle für Lugano

Monat	mittl. Lufttemp. (°C)	mittl. Sonnen-Std./Tag
Januar	2,3	3,8
Februar	3,6	5,1
März	7,3	5,5
April	11,3	6,2
Mai	15,5	6,4
Juni	19,4	7,8
Juli	21,3	8,7
August	20,8	7,8
September	17,5	6,3
Oktober	12,3	4,7
November	7,1	3,7
Dezember	3,2	3,3

Als Agrarland kann man die Region kaum mehr bezeichnen; die meisten Almen sind längst aufgegeben. Eine gesunde Alpwirtschaft besteht noch in der Valsassina, deren Käse weitum bekannt sind, wie auch die »Formaggini« des Sotto Ceneri. Im Tessin kommt dem Weinbau einige Bedeutung zu, obwohl die billigere italienische Konkurrenz für Absatzschwierigkeiten sorgt.

Isola Bella, die »Schöne« im Lago Maggiore

Geschichtlicher Überblick

Seit der Frühgeschichte siedelten im fruchtbaren Land zwischen den Seen am südlichen Alpenhang Hirten und Bauern, die neolithische Bevölkerung der Ligurer, die in Höhlen und Gräbern zahlreiche Spuren hinterließ; die Funde stammen aus der Zeit vom 5. bis 1. Jt. v. Chr. Im 7. Jh. v. Chr. kamen die ersten Kontakte mit keltischen Stämmen zustande, die aus dem Land nördlich der Alpen durch die Bergtäler nach Süden vorstießen – ob sie nur der Wein lockte, wie antike Autoren glauben machen wollen (die Kelten sollen gerne einen Knaben für ein Faß Wein getauscht haben), muß offen bleiben. Jedenfalls bewiesen sie einen guten Geschmack, weil die oberitalienische Seenlandschaft so schnell keinen Vergleich zu scheuen braucht; die Kelten setzten sich fest und ihre Städtegründungen (Mailand, Como, Bergamo, Brescia) setzten Akzente bis in die Gegenwart. Ein hörbares Zeichen des keltischen Vermächtnisses ist das keltisch-gallisch-französische Zungen-R, an dem man heute noch die Lombarden erkennen kann.

Handelskontakte bestanden mit den Etruskern, die über den Apennin bis Mantua vorgestoßen waren. Der friedlichen Koexistenz von Etruskern und Kelten machte die römische Expansion ein Ende, die von Süden das Land aufrollte. Das Keltenland wurde als Gallia Cisalpina römische Provinz (3. Jh. v. Chr.); Hauptort war Mediolanum (Mailand), das 42 n. Chr. das römische Bürgerrecht erhielt. 15 v. Chr. wurde Mailand in der Konsolidierungsphase unter Kaiser Augustus Hauptort der Regio XI Transpadana des Römischen Reichs.

Die Römer bauten Straßen und Brücken, legten Häfen an; ihre Politik der Urbanisierung band die neue Region ans Reich. Mediolanum wurde Straßenkreuz: Im Osten lag der andere Hauptort Aquileja, im Süden Rom, im Westen Gallien und Spanien; dazu kam der zukunftsträchtige Aspekt der Verbindung mit den Ländern nördlich der Alpen. Der Grundstock zum heute so erfolgreichen Industriedreieck Mailand–Genua–Turin wurde in der Römerzeit gelegt. Die Via Francigena, die Frankenstraße, brachte im christlichen Zeitalter Pilger von England und Frankreich nach Rom, und alle mußten durchs oberitalienische Seengebiet, dessen touristischer Reiz nach Kelten und Rompilgern im Mittelalter die modernen Reisenden erst richtig zu faszinieren weiß.

286 Reichsreform unter Kaiser Diokletian; Mailand wird Hauptstadt des Westreichs

313 Toleranzedikt von Konstantin dem Großen: Anerkennung des Christentums

374 Ambrosius wird Bischof von Mailand

412 Zerstörung Mailands durch die Westgoten

493 Die Poebene unter der Kontrolle von König Theoderich

569 Machtübernahme durch die Langobarden, die der Region den Namen geben: Lombardei

572 Pavia wird Hauptstadt

774 Der vom Papst zu Hilfe gerufene Frankenkönig Karl der Große zerstört das Langobardenreich und annektiert die Krone

881–961 Italienische Nationalkönige

Um 900 Das südliche Tessin gerät unter die Herrschaft der Bischöfe von Como

961 Kaiser Otto der Große holt Italien ins Reich zurück

1110–1126 Die Städte Como, Cremona, Bergamo, Brescia und Mantua werden unabhängig

1167 Konstitution der Lega Lombarda (Lombardische Liga): Die unabhängigen Städte verbünden sich gegen den deutschen Kaiser

1176 Die Liga schlägt bei Legnano Kaiser Friedrich Barbarossa, der im Frieden von Konstanz (1183) die autonomen Kommunen anerkennen muß

1177 Waffenstillstand zwischen deutschem Kaiser und den lombardischen Städten; kaiserliche Statthalter beuten das Tessin aus

1182 Beim »Schwur von Torre« geloben sich die Bewohner des Blenio- und Livinentals Beistand gegen die Feudalherren – rund 100 Jahre vor dem »Rütlischwur« von 1291, der als Geburtsstunde der Eidgenossenschaft gilt

Um 1220 Mit dem Bau der Teufelsbrücke über die Schöllenenschlucht wird der Gotthard-Paß einer der wichtigsten Alpen-Transitpässe

1278 Ottone Visconti übernimmt in Mailand die Herrschaft; die Familie Visconti regiert bis zum Jahr 1447

1336 Como wird von Mailand geschluckt

1403 Die Eidgenossen erobern Bellinzona

1422 Mailand holt Bellinzona und die oberen Alpentäler zurück

1450 Francesco Sforza, Schwiegersohn des letzten Visconti, übernimmt die Macht; seine Familie herrscht bis 1535

1478 Die Eidgenossen besiegen Mailand und gewinnen das Livinental (Leventina)

1496–1500 Das Gebiet des heutigen Tessin wird der Schweiz einverleibt

1500–1525 Das Herzogtum Mailand ist Zankapfel der Großmächte Frankreich, Deutschland und Venedig; Kaiser Karl V. setzt schließlich wieder einen Sforza als Herzog ein

1535 Nach dem Tod des letzten Sforza ohne Erben fällt das Herzogtum Mailand an Spanien

1577 Pest im Tessin: der Mailänder Erzbischof, der hl. Karl Borromäus, setzt sich für die Kranken ein, erliegt jedoch selbst der Epidemie

1620 Im Veltlin (Valtellina) bricht eine blutige Revolte (»Sacro Macello«) aus, die der Frieden von Monçon 1626 beilegt

1628–1631 Pest und Hungersnot dezimieren die Bevölkerung des Herzogtums Mailand

1706 Im Spanischen Erbfolgekrieg fällt das Herzogtum Mailand an Österreich

1760 Kaiserin Maria Theresia setzt einen neuen Kataster für die Lombardei in Kraft

1765–1771 Francesco III. von Este, Gouverneur der Lombardei, läßt in Varese den Palazzo Estense errichten

1796 Napoleon schlägt die Österreicher und zieht in Mailand ein

1797 Konstitution der Repubblica Cisalpina aus Lombardei, Valtellina (Veltlin), Bologna, Ferrara, Modena, Reggio und dem Po-Delta; Mailand ist Hauptstadt

1798 Nach dem Zusammenbruch der alten Eidgenossenschaft entsteht unter dem Diktat Napoleons die Helvetische Republik; das Tessin wird in die Kantone Lugano und Bellinzona geteilt

1801–1802 Konstitution der Repubblica Italiana mit der Hauptstadt Mailand und dem Präsidenten Napoleon

1803 Die Mediationsakte (Verfassung) schafft den eigenständigen Kanton Tessin

1805 Im Mailänder Dom läßt sich Napoleon zum König Italiens krönen

1814 Die Lombardei wird dem Habsburgerreich angegliedert; in Mailand residiert der österreichische Vizekönig

1827–1830 Bau der Gotthard-Paßstraße

1859 Zweiter Unabhängigkeitskrieg: Garibaldi besetzt Varese, Como, Bergamo, Brescia. Im Vertrag von Villafranca tritt Österreich die Lombardei an Napoleon III. ab, der sie Vittorio Emanuele II. von Savoyen zum Geschenk macht

1861 Proklamation des Königreichs Italien in Turin

1882 Eröffnung des Eisenbahntunnels am St.-Gotthard-Paß

1898 Unruhen wegen der Brotpreiserhöhung fordern 81 Tote und 502 Verletzte

1919 Benito Mussolini gründet in Mailand die ersten faschistischen Verbände

1922 Generalstreik in Mailand; faschistische Verbände reißen die Macht an sich

1925 Eröffnung der ersten Autobahn der Welt von Mailand zu den Seen, der »Milano-Laghi«. Auf einer internationalen Konferenz in Locarno wird der sog. Locarno-Pakt zur europäischen Friedenssicherung geschlossen (s. S. 15)

1936 Mussolini deklariert auf dem Mailänder Domplatz die Allianz mit Deutschland und kreiert den Begriff »Achse Rom-Berlin«

1943 Schlechte wirtschaftliche Lage und Opposition zum faschistischen Regime rufen Streiks hervor; Mailand wird schwer bombardiert.

1944 Gründung des Komitees zur Befreiung Oberitaliens (Comitato di Liberazione Nazionale dell'Alta Italia)

1945 Am 24. April erhebt sich Mailand und ist am 26. April befreit. Mussolini wird bei Tremezzo am Comer See erschossen

1946 In einer Volksabstimmung votieren 64,1 % der lombardischen Bevölkerung für die Republik, 35,9 % für die Monarchie

1974 Einrichtung des ersten europäischen Flußnaturschutzparks »Parco del Ticino«

1976 Dioxin und andere Giftgase treten aus einer Chemiefabrik in Seveso aus

1980 wird der knapp 17 km lange Gotthard-Straßentunnel fertiggestellt

Kunst und Kultur

Vorgeschichtliche Kulturen

Fundstätten vorgeschichtlicher Kultur weist die Lombardei (und damit das oberitalienische Seengebiet) in großer Anzahl auf. Südlich von Varese bei Lagozza wurde ein selbständiger Zweig entdeckt; die hochentwickelte schwarze undekorierte Keramik wurde nach dem Fundort »Lagozzakultur« getauft und ist Teil der im Alpenraum verbreiteten Pfahlbaukultur (3. Jt. v. Chr.). In der Eisenzeit (950–500 v. Chr.) hinterließen die Ligurer, die frühen Bewohner des Seengebiets, bemerkenswerte Spuren südlich von Sesto Calende und bei Como: Nekropolen und Gräberfelder kennzeichnen die nach dem Fundort benannte »Golasecca«-Kultur.

Kelten und Römer

Durch die Einwanderung der Keltenstämme Insubrer und Cenomanen (ab 7. Jh. v. Chr.) wurde der Kontakt mit der La-Tène-Kultur hergestellt; dieser Einfluß aus dem Norden und die Handelsbeziehungen mit den Etruskern im Süden spiegeln sich in den Funden aus jener Zeit, die der römischen Kolonisation voranging (Keramik, Waffen, Fibeln). Von der römischen Epoche, die im 3. Jh. v. Chr. begann und im 5. Jh. n. Chr. endete, haben sich Funde nur sporadisch erhalten; zwischen Lago Maggiore und Comer See findet sich nichts Nennenswertes.

Der älteste Sakralbau der Schweiz ist eine kunstgeschichtliche Rarität erster Güte: das *Baptisterium San Giovanni* in *Riva San Vitale,* ein achteckiger Zentralbau mit abwechselnd flachen und halbkreisförmigen Nischen, reicht in seiner Bausubstanz ins 6. Jh. zurück; die Freskenreste in den östlichen Nischen werden zwischen 11. und spätem 12. Jh. eingeordnet.

Frühes Mittelalter

Die langobardische Epoche (568–774) hinterließ im Seengebiet ein wichtiges Monument; in der ehemals selbständigen Kommune *Castelseprio* an der Straße von Mailand zu den Seen blieb das Kirchlein *Santa Maria foris portas* (s. S. 21) erhalten. Die Anlage mit einem Schiff, einer Vorhalle und drei Apsisräumen an jeder Seite folgt frühchristlichen Mustern. Die Fresken im Presbyterium erzählen die Christus-Geschichte; in der Datierung, die zwischen 6. und 10. Jh. schwankt, scheint sich die Gelehrtenmeinung dem 7. Jh. zuzuneigen. Die Langobarden waren in erster Linie Steinmetze und Goldschmiede; ihre Meisterschaft fand einen langwährenden Nachhall durch die *Maestri Comacini.*

Die Tradition der Steinmetze und Baumeister namens »Maestri Comacini« oder Comasken zieht sich seit der Erwähnung im Gesetzbuch des Langobardenkönigs Rotharis im Jahre 643 durchs ganze Mittelalter – und durch ganz Europa. Sie arbeiteten schulbildend in Oberitalien, ihre Anwesenheit ist beim Dom zu Speyer, in Schweden, Katalonien und in Frankreich bezeugt. Als Steinmetze knüpften sie an die spätromanische Tradition an; durch ihr Talent wurden sie zu stilbildenden Bildhauern und Architekten. Der Name Comasken bezieht sich auf das Gebiet von Como. Ihre Schule streift sogar die Neuzeit; die im päpstlichen Rom tätigen Architekten Domenico Fontana (1543-1607), Francesco Borromini (1599-1667) und Carlo Maderna (1556-1629) stammen aus Comasker bzw. Tessiner Steinmetzfamilien.

Ein frühes Zentrum der langobardischen Steinmetze war die *Insel San Giulio* im *Ortasee* (s. S. 33); aufgrund vieler Umbauten ist der uralte Kern der Bausubstanz der Basilika schwer zu finden. Die Kanzel aus schwarzem Serpentin (Anf. 12. Jh.) zeigt die Schule der Comasken auf dem Weg zur ästhetischen Vervollkommnung, wie wir sie in ihren Meisterwerken der toskanischen Romanik nachvollziehen können. Die Figuren der vier Evangelisten auf der Kanzelbrüstung muten noch archaisch an; sie treten noch nicht vollplastisch aus dem Material hervor.

Zur Schule der »Maestri Comacini« in der vorromanischen Epoche zählen *Kirche* und *Baptisterium* von *Agliate, Oratorium* und *Kirche San Pietro al Monte* von *Civate* (s. S. 55), schließlich *San Vicenzo* und das *Baptisterium San Giovanni* von Galliano bei *Cantù* (s. S. 24) sowie *Arsago Seprio* bei *Varese.* Die Datierungen schwanken zwischen 9. und 11. Jh.

Nach der Jahrtausendwende setzte nach Abwehr der Ungarn- und Sarazenengefahr eine neue Blüte ein, deren Bautätigkeit allgemein unscharf als romanisch bezeichnet wird; etliche Gotteshäuser folgen jedoch der einheimischen frühchristlichen Tradition, da vorwiegend die kaisertreuen Kommunen den aus dem Norden importierten Mustern zuneigen – Baukunst als politische Aussage.

In *Como*, Rivalin des kaiserfreundlichen Mailand, sind *Sant'Abbondio* und *San Fedele* Beispiele der »comasken« und damit vorromanischen Tradition, die sich an der frühchristlichen und byzantinischen Kunst orientiert. Mit der Expansion von Mailand (Anfang 12. Jh) gewinnt die Romanik die Oberhand; die Vorbilder aus der Hauptstadt machen Schule auf dem Land, sei es im Kirchenbau (Gravedona, Santa Maria del Tiglio) als auch im Profanbau, dem *Broletto* von *Como*.

Gotik (13./14. Jh.)

Im 13. Jh. hält mit dem Reformorden der Zisterzienser die in der Île de France entstandene Gotik Einzug in Oberitalien; im ländlichen Seengebiet fand die städtische Internationale Gotik kaum Niederschlag, sieht man von vereinzelten Fresken in Como (Sant'Abbondio und Santa Margherita) und Varese (Baptisterium) ab. Im Tessin zeigt das Kirchlein Santa Maria Assunta von Brione (Verzascatal) gotische Fresken der Giottoschule (14. Jh.).

Renaissance (15.–17. Jh.)

Die Renaissance, eine höfische Kunst, spielte sich in den Residenzstädten ab; am Land zwischen den Seen ging sie vorbei – Ausnahme ist die Apsis des Doms von Como, die sich an Bramante, dem Baumeister der Peterskirche in Rom, orientiert (Anf. 16. Jh.), sowie das Kleinod *Castiglione Olona* (*Varese*, s. S. 20), das ein kunstliebender Kardinal in der 1. Hälfte des 15. Jhs. nach Florentiner Muster ausbaute; er rief Künstler aus der Toskana, allen voran den großen Maler Masolino da Panicale (1435/36). Natürlich bekamen die Landkirchlein und Rathäuser nachträglich Renaissance- und Barockdekor – in einer Zeit ohne historisches Bewußtsein und Denkmalschutz paßte man sich ohne große Skrupel dem Stil der Epoche an. Trotzdem blieb das Land zwischen Lago Maggiore und Comer See im Schatten der großen kulturellen Ereignisse, die sich in den Residenzstädten abspielten. Ein Ziel der Volksfrömmigkeit war der *Sacro Monte* von *Varese* (s. S. 20); seine Kapellen verschönten zahlreiche lokale Künstler, darunter der von der Certosa di Pavia bekannte Carlo Francesco Nuvolone (2. Hälfte 17. Jh.).

»Lebensbaum« (Como, Museo Civico)

Neuzeit

Eine besondere Technik, vielleicht spätes Erbe der handwerklichen Comasker Meister, erlebte im 18. Jh. erneut eine weit über die Landesgrenzen hinausgehende Blüte: Im Barock und Rokoko waren Stukkateure aus dem *Intelvi-Tal* (s. S. 48) überall gefragt; die bekanntesten Familien sind die Barberini und Carloni di Scaria. Der Klassizismus des späten 18. Jhs. findet in Varese in der Villa d'Este und in der Villa Mirabello Ausdruck; Beispiele des Neoklassizismus wurden in Como die Villa Olmo, das Liceo und Seminario. Im 19. Jh. wird Mailands Führungsrolle immer ausgeprägter; fürs Hinterland fällt im Risorgimento, der nationalen Einigungsbewegung, wenig ab. Im Königreich (ab 1861) erhielt Varese immerhin um die Jahrhundertwende ein schönes Jugendstilhotel, das »Campo dei Fiori« von Sommaruga. In der Mussolini-Zeit (ab 1922) greift eine moderne Sachlichkeit um sich, der Como das Novocomum (1927–1929), die Casa del Fascio (1932–1936), den Kindergarten Sant'Elia (1936/37) und die Casa Ascheri (1936) verdankt. Das Zentrum von Lecco wurde 1937 von Mario Cereghini modernisiert.

Mit dem Flugzeug

Der Flugplatz Lugano-Agno ist von München aus täglich (außer So) nonstop zu erreichen, von anderen deutschen Städten mit Zwischenstop. Zu den nächstgelegenen Flughäfen Milano-Linate bzw. Milano-Malpensa bestehen mehrmals täglich Flugverbindungen.

Vor der Buchung sollte man sich bei der Fluggesellschaft bzw. im Reisebüro nach den gültigen Sondertarifen erkundigen.

Mit der Bahn

Die wichtigste und schnellste Bahnverbindung zwischen Deutschland, der Schweiz und der Lombardei ist die »Gotthardlinie«; zwischen Basel und Chiasso (-Como) verkehren Züge im Stundentakt (auch EC bzw. IC). Im Bereich von Lago Maggiore und Comer See bestehen folgende Bahnverbindungen: Locarno – Luino – Laveno – Sesto Calende, Simplon – Stresa – Sesto Calende, Laveno – Varese – Mailand, Como – Mailand, Como – Lecco, Mailand – Lecco – Colico.

Fahrkarten. Sowohl die SBB (Schweizerische Bundesbahnen) als auch die italienischen FS (Ferrovie Statale) bieten verschiedene Sondertarife an (u. a. für Jugendliche und Senioren).

Autoreisezüge. Zwischen verschiedenen deutschen Städten und Lörrach (bei Basel) verkehren Autoreisezüge, ebenso zwischen Frankfurt (Neu Isenburg) und Biasca (Tessin). Weitere Informationen durch die DB.

Mit dem Auto

Schnellste Anfahrtswege sind die Gotthard-Autobahn (16,3 km-Scheiteltunnel) bzw. die San-Bernardino-Route (6,6 km-Tunnel); für ihre Benützung wird die »Autobahn-Vignette« verlangt (gilt jeweils vom 1.12. bis zum 31.1. des übernächsten Jahres; Preis sfr 30).

Für die Einreise sind Fahrzeugpapiere, nationaler Führerschein und Nationalitätszeichen erforderlich. Die Grüne Versicherungskarte wird in Italien bei Unfällen und Verkehrskontrollen verlangt; für die Dauer eines Italienaufenthalts ist man mit einer Vollkasko- und Insassenversicherung immer gut beraten.

Treibstoffpreise. Benzin ist in der Schweiz z. Zt. etwa 20 % billiger als in Deutschland oder Österreich. Neben Diesel gibt es nur noch bleifreies bzw. bleihaltiges Superbenzin. – Viele Tankstellen haben auf Geld- und Kreditkarten-Automaten umgestellt oder werden am Abend nicht mehr bedient, teilweise auch auf der Autobahn (10- oder 20-Franken-Scheine, für Italien Lirescheine vorrätig haben!).

In Italien ist Benzin sehr teuer (etwa DM 2,– pro Liter). Das Netz von Tankstellen mit bleifreiem Benzin (senza piombo/unleaded) ist im oberitalienischen Seengebiet ausreichend.

Verkehrsregeln

In der *Schweiz* beträgt die Höchstgeschwindigkeit in geschlossenen Ortschaften 50 km/h, außerorts 80 km/h, auf Autobahnen 120 km/h. Für Fahrzeuge mit Anhänger gilt maximal 80 km/h. Auf Bergstraßen hat der bergwärts Fahrende Vorrang! Von dieser Regelung ausgenommen sind nur die Postautobusse, die auf den entsprechend ausgeschilderten Strecken (blaue Hinweistafel mit gelbem Posthorn) in jedem Fall Vorfahrt haben.

In *Italien* darf auf Autobahnen 130 km/h (für Autos mit einem Hubraum von maximal 1100 cm^3 110 km/h) gefahren werden, auf Landstraßen gilt Tempo 90 km/h, in Ortschaften 50 km/h. Während der Ferienzeiten kann es andere Tempolimits geben (Auskunft bei den Automobilclubs).

Alpenpässe. Mehrere Alpenpässe in Graubünden und der Innerschweiz, die für die Anfahrt in Frage kommen, haben Wintersperre, meist von Mitte November bis Anfang/Mitte Mai: St. Gotthard (Tunnel ganzjährig befahrbar), Lukmanier, San Bernardino (Tunnel ganzjährig befahrbar), Splügen, Stilfser Joch.

Mit dem Bus

Ein gut ausgebautes Netz von Buslinien erschließt die Täler und Ortschaften des Tessin (Platzreservierungen empfehlenswert, kann auf jedem Postamt erfolgen).

Auch in den italienischen Provinzen Como, Varese und Novara kommt man mit dem Bus überall hin.

Auskunft über Abfahrtsstellen und -zeiten geben die örtlichen Verkehrsvereine.

Bekanntlich hat die italienische Küche ihren Siegeszug längst in aller Welt angetreten, Pasta und Pizza sind auch hierzulande fester Bestandteil des Küchenzettels. Doch die Cucina italiana ist weit mehr als nur *eine* Küche; jede Region pflegt ihre eigene kulinarische Tradition, besitzt ihre Spezialitäten. Und im Fall der Lombardei sorgt die landschaftliche Vielgestaltigkeit für einen besonders abwechslungsreichen Speisezettel. Leicht einzusehen, daß etwa die Poebene mit ihren Reisfeldern eine andere Küche hervorbringt als man sie in den Gebirgstälern des Veltlins kennt.

Die Westseite des Lago Maggiore gehört bereits zum Piemont; und wer denkt da nicht an Trüffel, Grissini und Barolo? Natürlich gibt es auch hier wieder regionale Spezialitäten; am Ortasee ist der *tapulon* heimisch, gehacktes Eselfleisch, mit Wirsing in Rotwein gedünstet. Ebenso herzhaft wie raffiniert schmeckt die *trotella alla Savoia,* auf Champignons gebackene Forelle.

Im Tessin, zwar so schweizerisch wie Zürich oder Bern, sind die kulturellen Bindungen zur lombardischen Nachbarschaft ebenso alt wie selbstverständlich. Und weil sich Kultur auch im Essen manifestiert, ist die Tessiner Küche vor allem lombardisch beeinflußt, weniger in den vornehmen Hotels (das gilt auch jenseits der Grenze), wo man sich leider oft um Internationalität bemüht.

Zu internationalen Ehren sind hingegen einige lombardische Gerichte gekommen, so der *ossobuco,* in Weißwein und Brühe mitsamt dem Knochenmark geschmorte Scheiben aus der Kalbshaxe; der *risotto alla milanese,* unverkennbar durch seine hellgelbe Farbe (vom Safran), vor allem aber die *costoletta alla Milanese,* in einer Mailänder Speisekarte von 1134 als »lombolos cum panitio« erwähnt, im 19. Jh. vom österreichischen Feldmarschall Radetzky hier entdeckt und anschließend in der Hauptstadt der k. u. k. Monarchie als Wiener Schnitzel eingeführt.

Unverzichtbarer Bestandteil der lombardischen Küche ist neben dem Reis die *polenta,* ein fester Maismehlbrei, traditionell im Kupferkessel über dem offenen Feuer zubereitet, oft mit Käsestückchen serviert. Auf der Speisekarte finden sich auch schmackhafte Suppen wie die *minestrone* (Gemüsesuppe), die *busecca* (Kuttelsuppe, im Tessin sehr beliebt) und die *zuppa pavese,* eine lombardische »Erfindung« (aus Pavia). Aus dem Varesotto stammt die *faraona alla Valcuvia,* Perlhuhn nach Art der Valcuvia, das früher in einer Hülle aus weichem Ton gebacken wurde. Und wer nach typisch lombardischer Hausmannskost verlangt, wird die deftige *cazzoeula* wählen, ein Eintopf aus Schweinefleisch und Wirsing.

Fisch, der je nach Jahreszeit gedünstet, gebraten oder gegrillt serviert wird, spielt in der Küche der oberitalienischen Seenregion mit ihren zahlreichen Flüssen natürlich eine große Rolle. *Agonia alla comasca* (marinierte und gebackene Alsen nach Comer Art), *anguilla del pescatore* (Aal nach Fischerart), *lavarelli al vino bianco* (Felchen in Weißwein), *pesce in gelatina* (Fisch in Aspik) und *zuppa di pesce alla tremezzina* (Fischsuppe) sind einige der zahlreichen Spezialitäten. Ein typisches Gericht vom Comer See ist die *curadura,* bei dem die Mägen der zum *missoltitt* (eingesalzene, an der Sonne getrocknete und im Holzfäßchen gepreßte Alsen) verarbeiteten Fische mitverwendet werden. Einst ein »Arme-Leute-Essen«, hat sich die curadura mittlerweile auch in der Gourmetküche durchgesetzt.

Die lombardische Süßspeise ist – wer kennt ihn nicht? – der Mailänder *panettone,* ein luftig-leichter Napfkuchen aus Hefeteig. Aus der Provinz Varese kommen die *giromette,* ein Gebäck, das zu Tiergestalten geformt wird.

Nicht zu verachten sind die schmackhaften Käse der Region. Neben bekannteren lombardischen Sorten, die es auch nördlich der Alpen zu kaufen gibt, wie *gorgonzola, grana* (bei uns als Parmesan bekannt), *bel paese, stracchino* und *mascarpone,* liefert die Käseindustrie noch weitere Spezialitäten. Begehrt sind die Tessiner *formaggini,* aus Schaf- oder Ziegenmilch hergestellter Frischkäse. Aus der Valsassina stammt der *robiola;* die weichen *gaprini* kommen aus der Brianza (wo man auch eine vorzügliche Salami herstellt).

Die Lombardei gehört zwar nicht zu den bedeutenden Weinanbaugebieten Italiens, liefert aber vor allem qualitätsvolle Rotweine. Aus der Nebbiolo-Traube werden im Piemont der *Barolo*, im Veltlin u. a. die klassischen Weine *Grumello* und *Inferno* gekeltert; Tessiner Spitzenwein ist der rubinrote *Merlot.* Zum Essen bestellt man am besten einen *vino della casa,* einen Landwein, der meist trocken, leicht und »ehrlich« ist (im Tessin der *Nostrano*).

Ferientips für das Seengebiet

Die oberitalienischen Seen sind klassische Reiseziele mit einer hochentwickelten touristischen Infrastruktur. Entsprechend breit gefächert ist die Angebotspalette, die vom »dolce far niente« bis zur alpinistischen Herausforderung reicht. Auch der kunstsinnige Besucher kommt mit den präromanischen Sakralbauten oder den zahlreichen Museen voll auf seine Kosten. Saison ist im Frühling, Sommer und Herbst – von der Blütezeit bis zur Weinlese. Im Winter sind die Besucherzahlen eher bescheiden; die Konkurrenz der Skistationen im Wallis, in Graubünden und im Veltlin ist zu groß.

Wassersport

Das Drei-Seen-Gebiet ist ein Dorado für Wasserratten: Segeln, Surfen, Tauchen, Motorbootsport und Wasserskilaufen sind Trumpf; in den größeren Ferienorten findet man auch entsprechende Schulen. Die meisten Uferorte verfügen über gut eingerichtete Strandbäder; daneben sorgen viele Swimmingpools und Hallenbäder (auch in Hotels) für ungetrübte Badefreuden.

Radfahren

Für den Radsport haben sich die Italiener schon immer begeistert; vor allem an Wochenenden sind rund um die Seen stets zahllose »Girini« unterwegs. Fahrräder *(biciclette)* kann man im Tessin bei größeren Bahnhöfen der SBB mieten. Einen ausgeschilderten Radweg gibt es zwischen Ascona und Bellinzona (Tessin); bestens geeignet für Ausflüge mit dem Rad sind die kleinen Straßen zwischen den Seen. Mountainbike-Vermieter findet man in den Städten und großen Ferienorten des Tessin.

Wandern

Das »Hinterland« der Seen eignet sich vorzüglich zum Wandern; sowohl im Sotto Ceneri (Tessin) als auch rund um den Comer See besteht ein gut markiertes Wegenetz; im Varesotto und am Piemonteser Ufer des Lago Maggiore gibt es zwar ebenfalls viele lohnende Ziele, doch ist man hier öfter auf »Pfadsuche«.

Klettern

Ein Dorado für Kletterer sind vor allem die Grigne; Lecco besitzt eine renommierte Kletterschule, die Kurse anbietet.

Wintersport

Die oberitalienischen Seen sind zwar kein ausgesprochenes Winterziel, doch gibt es auch am Alpensüdrand ein paar kleine Skigebiete, z. B. um Locarno (Cimetta), bei Stresa (Mottarone), bei Lecco (Piani di Resinelli, Piano d'Erna) und im Valsassina (Piano di Atravaggio, Piani di Bobbio, Pian delle Betulle).

Angeln

ist im Tessin wie auch in der Lombardei genehmigungspflichtig (Auskunft bei den Gemeinden und Verkehrsvereinen).

Reiten

Reitschulen, die z. T. auch größere Ausritte und Reitferien organisieren, gibt es im Tessin u. a. in Losone (bei Locarno) und in Quartino (bei Magadino), am Lago Maggiore in Angera, im Varesotto in Ghirla und in Bodio (Lago di Varese), am Comer See in Magreglio und Canzo.

Tennis

In den Gemeinden rund um die *laghi* gibt es Sand- und Rasenplätze, aber auch Hallenplätze.

Golf

Golfer finden schöne Plätze in: Ascona (18 Löcher), Lugano (18 Löcher); Provinz Como: Carimate (18 Löcher), Grandola e Uniti, zwischen Menaggio und Cadenabbia (18 Löcher), Lanzo d'Intelvi (9 Löcher), Montorfano (18 Löcher), Cassina Rizzardi (36 Löcher), Appiano Gentile (18 Löcher), Annone Brianza (18 Löcher); Monastero di Luvinate (Varese; 18 Löcher), Vezzo (Stresa; 9 Löcher), Premeno (Verbania; 9 Löcher).

Museen (Auswahl)

Como: Museo Archeologico Artistico (archäologische und historische Sammlung, Gemäldegalerie); *Esino:* Museo delle Grigne; *Gignese:* Schirmmuseum; *Lecco:* Villa Manzoni (Erinnerungen an den Dichter A. Manzoni); *Locarno:* Museo Civico (archäologische und historische Sammlungen); *Lugano:* Kunstmuseum; *Premana:* Heimatmuseum; *Varese:* Musei Civici (historische und naturkundliche Sammlungen, Gemäldegalerie).

Auskunftsstellen

Information geben die Staatlichen Italienischen Fremdenverkehrsämter ENIT bzw. die Schweizer Verkehrsbüros.

ENIT-Anschriften: D-4000 Düsseldorf, Berliner Allee 26, ☎ 02 11/13 22 31/2; D-6000 Frankfurt/M. 1, Kaiserstraße 65, ☎ 0 69/23 74 30; D-8000 München 2, Goethestraße 20, ☎ 0 89/53 03 60; A-1010 Wien, Kärtner Ring 4, ☎ 02 22/5 05 16 39; CH-8001 Zürich, Uraniastraße 32, ☎ 01/2 11 36 33/4.

Schweizer Verkehrsbüros: D-6000 Frankfurt/M. 1, Kaiserstraße 23, ☎ 0 69/25 60 01-0; D-4000 Düsseldorf 1, Kasernenstraße 13, ☎ 02 11/8 09 13; D-2000 Hamburg 1, Speersort 8, ☎ 0 40/32 14 69; D-8000 München 40, Leopoldstraße 33, ☎ 0 89/33 30 18; D-7000 Stuttgart 1, Neue Brücke 6, ☎ 07 11/29 65 45; A-1010 Wien, Kärntner Straße 20, ☎ 02 27/5 12 74 05; CH-8027 Zürich, Bellariastraße 38, ☎ 01/2 88 11 11.

🛈 Provinz Como: Azienda di Promozione Turistica (APT), I-22100 Como, Piazza Cavour; Provinz Varese: APT del Varesotto, I-21100 Varese, Viale Ippodromo 9; Piemonteser Westufer des Lago Maggiore: APT del Lago Maggiore, I-28049 Stresa, Via Principe Tomaso 70/72.

🛈 Tessin: Ente Ticinese per il Turismo (ETT), CH-6501 Bellinzona, Casella postale 1441. Örtliche Verkehrsvereine siehe Textteil 🛈.

Bedienungs- und Trinkgelder

In der Schweiz wie in Italien gelten zwar Inklusivpreise, doch gibt man auch in Restaurants, Bars und Cafés Trinkgeld, ebenso dem Hotelpersonal, Taxifahrern und beim Friseur.

Diplomatische Vertretungen

Bundesrepublik Deutschland: Via Solferino 40, I-20121 Milano, ☎ 02/6554434; *Österreich:* Via Tranquillo Cremona 27, I-20145 Milano, ☎ 02/4 81 20 66; *Schweiz:* Via Palestro 2, I-20121 Milano, ☎ 02/76 009 284.

Einreisebestimmungen

Bei einem Aufenthalt bis zu 3 Monaten gültiger Personalausweis, für Kinder bis zu 16 Jahren Kinderausweis (oder Eintrag im Elternpaß).

Feiertage

Italien: 1. Januar, 6. Januar, Ostermontag, 25. April (Tag der Befreiung), 1. Mai, 1. Sonntag im Juni, 15. August, 1. November, 1. Sonntag im November, 8., 25. und 26. Dezember. *Tessin:* 1. Januar, Karfreitag, Ostermontag, Christi Himmelfahrt, Pfingstmontag, Fronleichnam, 1. August (Nationalfeiertag), 15. August, 1. November, 8., 25. und 26. Dezember.

Geld

Devisen: Die Schweiz gestattet Ein- und Ausfuhr in- und ausländischer Zahlungsmittel in unbeschränkter Höhe. Von Italien dürfen 1 Mio. Lit. pro Person ausgeführt werden, Devisen bis zum Gegenwert von 5 Mio. Lit.; höhere Beträge sind bei der Einreise zu deklarieren.

Währung: Italienische Währungseinheit ist die Lira (Lit. oder L), Schweizer Münzeinheit ist der Franken (sfr oder Fr) = 100 Rappen (Rp oder ct).

Geldwechsel/Kurs: Ausländische Zahlungsmittel (Euroschecks) werden bei Banken, Wechselstuben und größeren Hotels umgetauscht. Viele Geschäfte und Hotels akzeptieren auch Kreditkarten. 1000 Lit. = 1,33 DM = 1,12 sfr = 9,4 öS (aktuelle Kurse bei den Banken).

Deutsche *Postsparer* können in Italien bis zu 1 Mio. Lire je Rückzahlungskarte abheben, in der Schweiz sfr im Gegenwert von 2000 DM innerhalb von 30 Tagen.

Hunde

benötigen ein amtstierärztliches Gesundheitszeugnis (nicht älter als 30 Tage) und eine Tollwut-Impfbescheinigung (max. 11 Mon.); Maulkorb- und Leinenzwang.

Medizinische Versorgung

Sozialversicherte haben (in Italien) Anspruch auf kostenlose ärztliche Behandlung (Formular E 111 vorher bei der Krankenkasse besorgen). Ärzte und Krankenhäuser bestehen aber meist auf Barzahlung, deshalb eine detaillierte Rechnung für die Kostenerstattung verlangen (Abschluß einer Reisekrankenversicherung empfehlenswert).

Mietwagen

Verleihfirmen gibt es in den Städten sowie

größeren Ferienorten. Bahnbenutzer können im Tessin in Bellinzona, Locarno, Lugano und Chiasso den Mietwagendienst der SBB (Schweizerische Bundesbahnen) in Anspruch nehmen.

Netzspannung

Sie beträgt 220 V. Schukostecker sind nicht verwendbar (Adapter in Elektrogeschäften).

Notrufe

Italien: Polizei 112, Pannenhilfe 116. *Schweiz:* Polizei 117, Feuerwehr 118, Straßenhilfe 140.

Öffnungszeiten

Banken: in Italien Mo-Fr 8.30-13.30 und 15-16 Uhr, im Tessin Mo-Fr 9–12 und 14–16.30 Uhr.

Geschäfte: In der Regel werktags von 9–13 und 16–19.30 Uhr, im Tessin von 8–12.30 und 13.30–18.30 Uhr (Sa bis 17 Uhr); in den Städten sind manche Geschäfte am Montagvormittag geschlossen (auch in Italien).

Kirchen: Aufgrund der vielen Kunstdiebstähle findet man viele Kirchen verschlossen (Schlüssel in der zuständigen Pfarrei oder Auskünfte bei den Verkehrsvereinen bzw. Gemeinden).

Museen: Die Öffnungszeiten variieren stark und ändern sich ständig; Angaben im Text ohne Gewähr.

Postgebühren

Italien: Briefmarken (»francobolli«) erhält man in Postämtern und Tabakläden (»tabacchi«); Postkartenporto 650 Lit., Briefporto 750 Lit. (in die Schweiz bzw. nach Österreich 650/800 Lit). *Schweiz:* Briefe/Ansichtskarten nach Deutschland/Österreich: eilige Sendung (Vermerk »Prioritaire«) 90 Rp, nicht eilige Sendung 70 Rp.

Telefon

Italien: in Fernsprechämtern, Telefonhäuschen und in Geschäften oder Bars, die mit einer gelben Wählscheibe gekennzeichnet sind. Münzfernsprecher funktionieren mit 200-Lire-Münzen oder Telefonmünzen (»gettoni«), bargeldlos mit der »scheda telefonica« (Telefonkarte, die es in den »tabacchi« zu kaufen gibt).
Vorwahl Bundesrepublik Deutschland 00 49, Schweiz 00 41, Österreich 00 43.

Schweiz: Das gesamte Netz ist vollautomatisiert, Direktwahl auch ins Ausland. Vorwahl Bundesrepublik Deutschland 00 49, Österreich 00 43.

Unterkunft

Hotels/Pensionen sind im Tessin und der Lombardei in fünf Kategorien eingeteilt, was zwar einiges über den Komfort, aber nicht immer etwas über den Preis aussagt; je nach Lage ist mit erheblichen Unterschieden zu rechnen. Die regionalen Fremdenverkehrsorganisationen veröffentlichen alljährlich ein Hotelverzeichnis.

*****⌂⌂⌂L Luxushotel, ****/***⌂⌂⌂ Sehr gutes Hotel, **⌂⌂ Mittelklassehotel, *⌂ Einfaches Hotel.

Bei den Schweizer Hotels ist im Übernachtungspreis Frühstück inklusive. Bei einem Mindestaufenthalt von drei Tagen werden (auch in Italien) Halb- oder Vollpensionspreise gewährt (alles inbegr.).

Jugendherbergen stehen grundsätzlich allen Reisenden offen, die einen gültigen JH-Mitgliedsausweis besitzen. Keine Altersbeschränkung, nur bei Platzmangel genießen Jugendliche (bis 25 Jahre) Vorrecht.

ⓘ Deutsches Jugendherbergswerk, Bismarckstraße 8, D-4930 Detmold; Schweizerischer Bund für Jugendherbergen, Postfach, CH-3001 Bern; Österreichischer Jugendherbergsverband, Schottenring 28, A-1010 Wien.

Camping: An den großen Seen gibt es zahlreiche Campingplätze, größtenteils recht komfortabel eingerichtet. Wildes Zelten ist im Tessin grundsätzlich verboten; Jugendliche unter 18 Jahren sind auf Campingplätzen nur in Begleitung Erwachsener zugelassen. Reservieren, vor allem während der Hauptsaison!

Veranstaltungen

Aktuelle Programme werden von Verkehrsvereinen herausgegeben.

Zoll

Gegenstände für den persönlichen Gebrauch sind zollfrei.

Aus *Italien* in die *Bundesrepublik Deutschland* dürfen eingeführt werden: 5 Liter Wein, 1,5 Liter Spirituosen (Alkoholgehalt über 22 % vol), 300 Zigaretten od. 75 Zigarren, Reiseandenken bis zu 1250 DM.

Von der *Schweiz* in die *Bundesrepublik Deutschland:* 2 Liter Wein, 1 Liter Spirituosen über 15 % vol, 200 Zigaretten oder 50 Zigarren, Reiseandenken bis zu 115 DM, 100 sfr, 1000 öS.

** Locarno

Locarno (197 m; 17 000 Einw.), die am tiefsten gelegene Stadt der Schweiz, ist neben Lugano das zweite Zentrum des Tessiner Fremdenverkehrs. Die herrliche Landschaft am oberen Ende des Lago Maggiore und das ungewöhnlich milde, nebelfreie Klima lockten bereits im ausgehenden 19. Jh. in der Frühzeit des Tourismus sonnenhungrige Nordländer an. Der große Aufschwung kam nach dem Zweiten Weltkrieg und erfaßte auch die Nachbargemeinden Muralto, Minusio, Orselina und Brione. Heute besteht ein zusammenhängendes Siedlungsgeflecht von der Maggia bis zur Verzasca, in dem einiges an gewachsener Bausubstanz verlorenging. Bewahrt hat sich Locarno seinen Charme, der vom Nebeneinander rustikal-alpiner und südländischer Akzente lebt. Im alten Stadtkern ist das lombardische Erbe unverkennbar, unter den Villenbesitzern der Geldadel gut vertreten.

GESCHICHTE

Das Gebiet um Locarno war vermutlich bereits in prähistorischer, sicher aber in römischer Zeit besiedelt; 789 wird der Ort urkundlich erstmals erwähnt. Wirtschaftlich profitierte Locarno von seiner verkehrsgünstigen Lage am Nordende des Lago Maggiore und an der Durchgangsroute zu den wichtigsten Alpenpässen. Unter Kaiser Friedrich Barbarossa erhielt die Stadt 1189 Reichsfreiheit, 1342 kam Locarno an die Mailänder Visconti, die 1439 die Rusca damit belehnten. 1513 wurde es von den Eidgenossen erobert. Nach dem Untergang des Ancien régime (1798) gehörte Locarno zunächst zum helvetischen Kanton Lugano; von 1803 bis 1878 war es abwechselnd mit Lugano und Bellinzona Hauptstadt des Kantons Tessin. Bekannt wurde die Stadt auch durch den sog. Locarno-Pakt (1925), der Deutschland nach dem Ersten Weltkrieg die Rückkehr in den Völkerbund ermöglichte.

SEHENSWÜRDIGKEITEN

Idealer Ausgangspunkt für den Stadtrundgang ist die belebte

Piazza Grande [1], auf der auch der traditionelle Wochenmarkt abgehalten wird. Die langgestreckte Platzanlage mit ihrer Kopfsteinpflasterung erhielt das heutige Aussehen erst im 19./20. Jh.; ursprünglich grenzte sie direkt ans Seeufer. In die bergseitige Häuserzeile, die durchgehend Laubengänge aufweist, ist der Torre del Comune (14. Jh.) eingebunden. Südlich schließt der Stadtpark mit dem Theater an. Die Piazza Grande mündet westlich in die *Via Franchino Rusca,* an der sich das

* **Castello** [2] erhebt. Obwohl 1532 bis auf den Palas und den Nordwestturm von den Eidgenossen geschleift, zählt es noch heute zu den bedeutendsten Schlössern des Tessins. Die Gründung dürfte aufs Mittelalter zurückgehen; die Visconti errichteten im 14. Jh. eine neue Festung, ein großzügiger Ausbau erfolgte in der zweiten Hälfte des 15. Jhs. unter den Rusca. Die mit Türmen reich bewehrte Anlage besaß einen eigenen Hafen und galt als uneinnehmbar (schöner Hof mit Frührenaissance-Loggia). Heute ist im Castello das *Museo Civico* untergebracht. Es umfaßt eine reiche archäologische Sammlung, vorromanische und romanische Skulpturen, ferner lokalhistorisches Material. Ein Gedenksaal erinnert an die internationale Friedenskonferenz, die 1925 hier stattfand (Locarno-Pakt). ◷ April bis Oktober Di–Sa 10–12, 14–17 Uhr.

Zwischen der Piazza Grande, dem Schloß und der *Contrada Borghese* liegt der historische Stadtkern, der mit seinen engen Gassen und den verwinkelten Plätzen zu einem Bummel einlädt. Nicht zu übersehen sind allerdings auch einige Bausünden jüngeren Datums. Zu den schönsten Bürgerhäusern gehört die *Casa Rusca* an der Südseite der Piazza Sant'Antonio, eine vornehme Patriziervilla mit dreigeschossigem Arkadenhof (18. Jh.); sie beherbergt die *Städtische Gemäldegalerie (Pinacoteca Comunale),* in der neben wechselnden Ausstellungen u. a. die bedeutende Dadaismus-Sammlung von Hans Arp und Sophie Täuber-Arp gezeigt wird (◷ täglich 9–12, 14–17 Uhr).

Beachtung verdienen natürlich auch die Kirchen der Altstadt: *San Francesco* [3], ein Nachklang der mittelalterlichen Bettelordensarchitektur (16. Jh.), die Pfarrkirche *Sant'Antonio* [4] (17. Jh.) und *Santa Maria Assunta* [6], im Volksmund »Chiesa Rossa« genannt, ein üppig ausgestalteter Frühbarockbau (1636). Außerhalb, an der Straße nach Solduno, steht das Kirchlein

Santa Maria in Selva [5]. Das um 1400 erbaute Gotteshaus wurde 1884 bis auf den Turm und

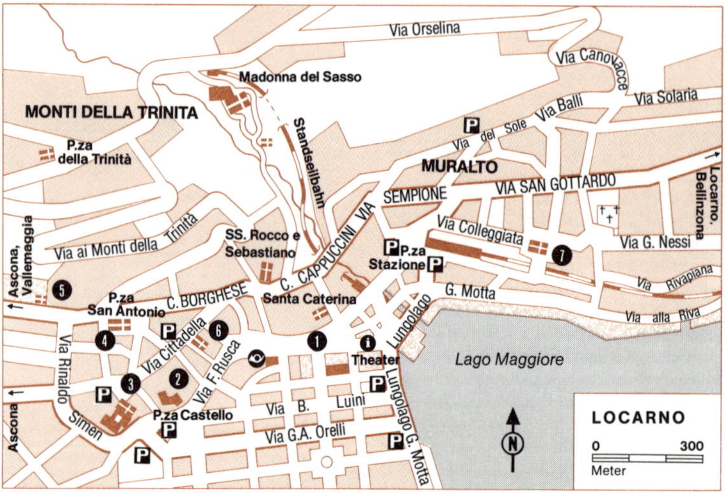

den quadratischen Chor abgebrochen. Erhalten blieben die vorzüglichen * Chorfresken (Darstellungen aus dem Christusleben, 15. Jh.) aus spätgotischer Zeit.

Bedeutendster Sakralbau am oberen Lago Maggiore ist die Kirche

**** San Vittore [7] in *Muralto* (in Bahnhofsnähe), eine frühmittelalterliche Gründung des 9. Jhs. Die dreischiffige Pfeilerbasilika dürfte zwischen 1090 und 1110 entstanden sein; lediglich der Glockenturm ist jüngeren Datums (16. Jh., an der Südseite vorzügliches *Marmorrelief des heiligen Viktor als Reitersmann, 1460). Im Innern wurden bedeutende romanische und spätgotische Fresken freigelegt. Unter dem Chor liegt die romanische ** Hallenkrypta mit reicher ornamentaler und figürlicher Kapitellplastik.**

PRAKTISCHE HINWEISE

Ente Turistico di Locarno e Valli, Largo Zorzi, CH-6601 Locarno; 0 93/31 03 33.

Flugplatz Locarno-Magadino.

Bellinzona (– Lugano, Airolo), Centovalli – Domodossola.

Lugano, Orte der Umgebung, Verbania.

Ascona, Brissago, Vira; Rundfahrten auf dem Lago Maggiore.

Standseilbahn Madonna del Sasso; Seilschwebebahn Cardada, Sessellift Cimetta; Skilifte.

L »Reber au Lac«, »Belvedere«. – »Schloss-Hotel«. – »Mon Désir«.

»Delta«; weitere Plätze in Ascona, Tenero, Losone.

Veranstaltungen: Karneval mit Risottoessen (Februar); Internationales Filmfestival (August, u. a. Freiluftvorstellungen auf der Piazza Grande); Traubenfest (September); Kastanienfest (Oktober).

UMGEBUNG

*** Madonna del Sasso** (346 m). Der berühmte Wallfahrtsort liegt auf einer felsigen Anhöhe rund 150 m über Locarno; entsprechend reizvoll ist die Aussicht auf Stadt, See und Berge. Man erreicht Madonna del Sasso rasch und bequem über eine gut ausgebaute Straße oder mit der Standseilbahn, schöner zu Fuß auf dem alten Kreuzweg (30 Min. von der Piazza Grande). Die heutige Anlage der Wallfahrtskirche *Santa Maria Assunta* geht aufs 16. und 17. Jh. zurück; der ursprünglich franziskanisch schlichte Bau ist allerdings zwischen 1903 und 1925 erheblich umgestaltet worden (* Altarbild »Flucht aus Ägypten« von Bramantino, um 1520).

Cimetta (1671 m). In Cardada-Cimetta besitzt Locarno ein stadtnahes Wander- und Skigebiet. Vom Gipfel der Cimetta (Seilbahn und Sessellift) umfassendes Alpenpanorama.

Größter, auch wirtschaftlich bedeutendster Ort am Lago Maggiore ist Verbania (rund 32 000 Einw.). Die Gemeinde besteht aus den Stadtteilen Intra und Pallanza. *Intra* verdankt seinen Namen wohl der Lage zwischen (intrum) den Gebirgsflüssen San Bernardino und San Giovanni, die hier in den See münden. Handel und Industrie prägen das Siedlungsbild dieses Städtchens, während das mondäne **Pallanza* zu den renommiertesten Ferienorten am Lago Maggiore zählt, reizvoll an den Fuß des Monte Rosso gebettet und durch die Punta della Castagnola bzw. den ausgedehnten Park der ** *Villa Taranto* vom geschäftigen Intra getrennt. Im alten Borgo mit seinen engen, verwinkelten Gäßchen entdeckt man noch historische Bausubstanz, manch reizvolles architektonisches Detail. Kunstliebhaber kommen im barocken

Palazzo Viani-Dugani auf ihre Kosten. Das lokale *Museo storico-artistico del Verbano e del paesaggio* zeigt neben einer archäologischen Sammlung eine Gemäldegalerie (vor allem Bilder des 19./20. Jhs., zahlreiche Landschaften) und Arbeiten des Bildhauers Paolo Troubetzkoy (1866-1938).

Vom baumbestandenen Lungolago genießt man eine stimmungsvolle Aussicht über den See auf den breit-behäbigen Rücken des *Mottarone* (1491 m); ganz nah ist die kleinste der berühmten *Borromäischen Inseln* (vgl. S. 30), der *Isolino San Giovanni,* auf dem der Dirigent Arturo Toscanini oft zu Gast war.

Das bedeutendste Kulturdenkmal von Pallanza liegt im Norden des Borgo. Am Viale G.A. Azari wurde die Kirche

*** Madonna di Campagna** ursprünglich »im freien Feld« erbaut; heute ist ihr Ambiente durch die Nachbarschaft wenig ansprechender Industriebauten beeinträchtigt. Im Kern romanisch, wurde das Gotteshaus zwischen 1519 und 1527 im Stil der Renaissance umgestaltet. Originell ist die achteckige Kuppel mit ihrer Säulengalerie; der Kirche zur Seite steht der schlanke romanische Campanile. Von der reichen Ausstattung sind neben dem geschnitzten Chorgestühl (1582) die Wandmalereien hervorzuheben (16. Jh.).

Die Attraktion von Verbania aber ist der Park der

**** Villa Taranto. 20 ha groß, mit seiner einzigartigen Vielfalt exotischer Pflanzen, ist er ein Erlebnis zu jeder Jahreszeit. Berühmt sind die großartigen Buchenbestände; es finden sich hier über 500 verschiedene Rhododendronarten, prächtige Tulpenkulturen, Magnolien, Dahlien, Lotusblumen, Kamelien, Azaleen, viele tropische Gewächse. Gestaltet wurde der Park von dem Schotten Neil McEcharan, der das Anwesen 1931 erwarb und es nach seinem Tod dem italienischen Staat übereignete (🕓 April bis Oktober täglich 8.30–19.30 Uhr).**

PRAKTISCHE HINWEISE

ℹ Ufficio informazioni ed accoglienza turistica, Corso Zanitello, I-28048 Pallanza, ☎ 0323/ 50 32 49.

🚌 Cannobio – Locarno, Stresa, Premeno, Intragna, Miazzina.

⛴ Autofähre Intra – Laveno. Uferorte, Rundfahrten, Borromäische Inseln.

Pallanza: Madonna di Campagna

🏨🏨 »Majestic« (in Pallanza). – 🏨 »Castagnola« (Pallanza). – 🏨 »Novara« (Pallanza).

⛺ »Sasso« (Intra), »Lido Toce«, »Isolino« (beide in Fondotoce).

Veranstaltungen: Samstagsmarkt in Intra.

UMGEBUNG

Das Hinterland von Verbania spiegelt fast beispielhaft den Kontrastreichtum der oberitalienischen Seen-Berge-Landschaften wider. Wenige Kilometer von den überlaufenen Uferpromenaden entfernt, kann man in den reizvollen Tälern wie Bergen noch Einsamkeit genießen.

Monte Rosso (693 m). Zwischen dem Unterlauf des San-Bernardino-Bachs und Pallanza erhebt sich der bewaldete Rücken des *Monte Rosso,* ein schöner Aussichtspunkt über den Borromäischen Golf mit Fernsicht bis zum Monte Rosa. Ein schmales Sträßchen (4,8 km, 33 Kehren) windet sich vom Viale G. A. Azari bis fast zum Gipfel (zu Fuß etwa 2 Std., auch für »Mountainbiker« geeignet).

*** Val Grande.** Eine kleine Entdeckungsreise in das weltabgeschiedene »Große Tal«, bis *Cicogna* (732 m) etwa 15 km, ist reich an Eindrücken.

In *Trobaso* ist die Pfarrkirche mit Holzschnitzereien aus dem 17. Jh. einen kurzen Besuch wert, unterhalb von *Rovegro* überspannt der *Ponte Romano*, vermutlich römischen Ursprungs, den San-Bernardino-Bach; an dem jüngeren *Ponte Casletto* bietet sich ein stimmungsvoller Blick in das wilde, von hohen Bergen (Pizzo Proman, 2098 m; Cima della Laurasca, 2195 m) umrahmte obere *Val Grande*, heute Teil eines rund 40 km² großen Naturschutzgebiets. Von *Cicogna*

aus sind Wanderungen zu den verlassenen Almen im Talschluß möglich: sterbende Bergbauernwelt, Kultur auf dem Rückzug.

Miazzina (736 m; 10 km). Dieser Abstecher lohnt vor allem in Verbindung mit einer Wanderung zum *Pian Cavallone* (1564 m; 2½ Std. vom Straßenendpunkt auf der Alpe di Pala). Ein noch umfassenderes Panorama bietet der **Monte Zeda* (2156 m), höchster Gipfel in Seenähe; die prächtige Kammwanderung vom Pian Cavallone dauert etwa 2½ Std.

***Premeno** (804 m; 12,5 km) ist im Sommer ein beliebter Ferienort, der sich auf dem breiten, teilweise bewaldeten Höhenrücken zwischen dem Tal des San-Giovanni-Bachs und dem Westufer des Lago Maggiore erstreckt.

Spazierwege führen in die nähere Umgebung, u. a. zur *Punta d'Omo* (1070 m) mit prachtvollem Seeblick. Weiterfahrt von Premeno über Pian Cavallo und Colle (1238 m) nach *Trarego* möglich (siehe Route 1); die Strecke ist aber nur teilweise asphaltiert.

Varese

Die Provinzstadt Varese (382 m; 92 000 Einw.), Ende des Mittelalters noch ein ganz unbedeutendes Nest, ist nicht unbedingt eine Stadt zum Urlaubmachen, aber durchaus typisch für das moderne Norditalien: lebhaft, in den letzten Jahrzehnten stark (und teilweise recht ungezügelt) gewachsen (1960 erst ca. 60 000 Einw.), mit viel Industrie und durchaus sehenswerten Baudenkmälern im inneren Stadtbereich. Die wichtigsten Zeugnisse aus der Geschichte der Landschaft des *Varesotto,* die vom Luganer See bis zum Rand des Ballungsraums Mailand reicht, findet man in der näheren und weiteren Umgebung: den berühmten Sacro Monte, Castiglione Olona (11 km) und Castelseprio (16 km).

GESCHICHTE

Im Gegensatz zu Como hat das ursprünglich gallo-romanische Varese in der Geschichte der Lombardei kaum eine nennenswerte Rolle gespielt. Im Mittelalter gehörte der Ort zum Herrschaftsbereich von Castelseprio, nach dessen Fall (1287) kam er an Mailand. Erst 1816 wurde Varese zur Stadt erhoben.

SEHENSWÜRDIGKEITEN

Einen markanten Akzent im Stadtbild setzt der prächtige Barock-Campanile der Basilika

San Vittore, der eine stattliche Höhe von 77 m erreicht. Baumeister war Giuseppe Bernascone; die Pläne zu dem Gotteshaus (1580–1615 erbaut) lieferte der vielbeschäftigte Pellegrino Tibaldi (vgl. S. 44). Ihre kühl-klassizistische Fassade erhielt die Kirche allerdings erst viel später: der Wiener Architekt Leopold Pollack entwarf die ausladende Front 1788. Neben der Stadtpfarrkirche steht das **Baptisterium,* ein romanischer Bau mit quadratischem Schiff und eingezogener Apsis (um 1185 auf einem Vorgängerbau des 8./9. Jhs. errichtet); im Innern Freskenfragmente des 13./14. Jhs. sowie ein Taufstein aus dem 13. Jh..

San Vittore markiert das historische Zentrum der Stadt; in den alten Gäßchen, die teilweise Lauben *(portici)* besitzen, entdeckt man manch malerischen Winkel. Einen Kontrast dazu bildet die

Piazza Monte Grappa, deren Bauwerke aus der Zeit zwischen 1927 und 1935 unverkennbar den Stempel faschistischer Architektur tragen.

Die Via Sacco führt nordwestlich zum

Palazzo Estense, vom Italien des Duce direkt ins Österreich des 18. Jhs.: Palast und Garten des heutigen Rathauses sind nach dem Vorbild des Wiener Schlosses Schönbrunn gestaltet. Nicht zufällig, denn der Bauherr, Francesco III. von Este, war kaiserlicher Statthalter der (damals österreichischen) Lombardei und gleichzeitig Herzog von Modena. Hier ist 1766 bis 1773 allerdings nur ein »Mini-Schönbrunn« entstanden; für eine repräsentativere Anlage fehlte wohl der Platz, vor allem aber das Geld. Durch den schön angelegten Park mit Aussicht gelangt man rasch zur *Villa Mirabello,* in der die

Musei Civici (Städtische Museen) untergebracht sind: eine prähistorische Abteilung mit römischen und prähistorischen Funden (u. a. vom Lago di Varese), eine naturkundliche Sammlung sowie eine Gemäldegalerie (🕓 Di bis Sa 9.30–12, 14–17 Uhr, So 14–17 Uhr).

Varese ist von sieben Hügeln umgeben, die zwar nicht so bekannt sind wie die römischen, aber dank ihres angenehmen Klimas Aristokraten und reiche Mailänder zum Bau prunkvoller Villen animierten: Die *Villa Panza* (bedeutende private Gemäldegalerie der italienischen Moderne) und die *Villa Ponti* (ein historischer Prachtbau, 19. Jh., heute Kongreßzentrum mit Park), liegen beide auf dem Hügel von *Biumo Superiore.*

PRAKTISCHE HINWEISE

ℹ APT, Azienda di Promozione Turistica del Varesotto, Viale Ippodromo 9, I-21100 Varese; ☎ 03 32/28 46 24.

🚂 Laveno, Porto Ceresio, Mailand.

🚌 Lago di Varese, Luino, Ponte Tresa, Bisuschio, Sacro Monte u. a.

🏨🏨🏨 »Palace Hotel«, »Crystal« (garni). – 🏨🏨 »Irma«, »Mira« (garni).

UMGEBUNG

*** Sacro Monte** (880 m). Die Hauptsehenswürdigkeit von Varese liegt im Norden der Stadt, an den bewaldeten Abhängen des Monte Campo dei Fiori: der »Heilige Berg«, ein vielbesuchter Marien-Wallfahrtsort. Von den üblichen Souvenirläden einmal abgesehen, bietet der Aufstieg über den etwa 2 km langen Pflasterweg – von der Prima Capella (585 m) bis zur Kirche Santa Maria del Monte – unvergeßliche Eindrücke: Kunst und Landschaft bilden ein stilvolles Ensemble, nicht zuletzt dank der gelungenen Architektur von Giuseppe Bernascone, der die runden, vier- und achteckigen Kuppelbauten schuf (Anfang 17. Jh.). Die Kapellen sind mit Fresken und überlebensgroßen Terrakottafiguren ausgestattet, die – sehr realistisch und volksnah – die Rosenkranzmysterien thematisieren. Unweit der letzten Kapelle steht in einem Garten die *Villa Pogliaghi,* heute ein Museum mit Kunstwerken aus zwei Jahrtausenden, zusammengetragen von Lodovico Pogliaghi (1857–1950).

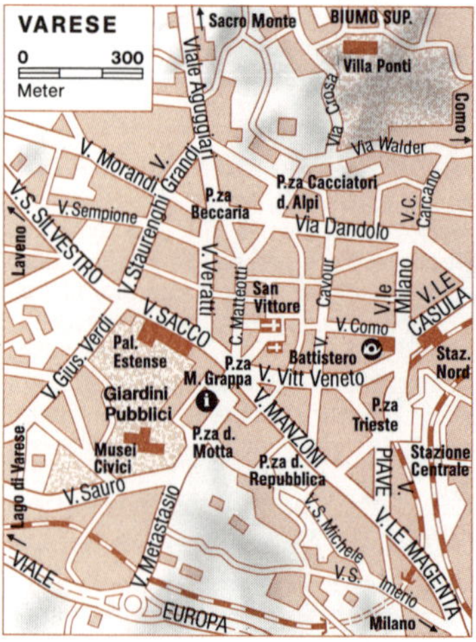

Die Kirche *Santa Maria del Monte,* Mittelpunkt des Wallfahrtsortes (880 m; 8 km ab Varese), vereinigt Stilelemente von der Romanik bis zum Barock. Auffallend ist der wuchtige Campanile; die Krypta aus der ersten Hälfte des 11. Jhs. birgt prächtige gotische Fresken. Angeschlossen ist das *Museo Baroffio,* das neben archäologischen Funden, alten Handschriften und Goldschmiedearbeiten auch Gemälde lombardischer Meister des 17./18. Jhs. zeigt.

Der *Campo dei Fiori* (1226 m), ein langgestreckter, größtenteils bewaldeter Höhenrücken, ist der »Hausberg« von Varese; eine Straße (11 km) führt hinauf bis zum ehemaligen *Grand Hotel* (1033 m), einem sehenswerten Jugendstilbau (Spazierwege, Aussicht).

Valganna, bis *Ponte Tresa* 21 km. Abwechslungsreiche Verbindungsstrecke zur Route 5 bzw. zum Luganer See. Bei *Ganna* (460 m) Ruinen eines alten Klosters; nördlich der *Lago di Ghirla.*

Bisuschio (345 m). An der Strecke nach Porto Ceresio (s. Route 5) verdient die *Villa Cicogna-Mozzoni* (16. Jh.) in Bisuschio mit ihrem schönen Arkadenhof und dem bezaubernden Garten einen Besuch (🕓 April bis September So 9–12, 14–18 Uhr, bei Ausstellungen tägl.).

**** Castiglione Olona** (307 m). Ein kleiner »Wallfahrtsort« für Kunstfreunde ist das winzige Städtchen im Tal der Olona, gut 10 km südlich von Varese, im 15. Jh. unter dem ebenso reichen wie kunstsinnigen Kardinal Branda Castiglione (1350–1443) zu einem »Mini-Florenz« mitten in der Lombardei umgestaltet. Obwohl schon längst in tiefem Dornröschenschlaf, verraten die zahlreichen Palazzi, darunter jener des Kardinals (14./15. Jh.), noch etwas von einstiger Pracht.

Große Ähnlichkeit mit Bauten Brunelleschis in Florenz zeigt die *_Chiesa di Villa_ (1430–1441), ein Zentralbau mit schönem Portal, flankiert von zwei Kolossalfiguren; in der Tradition der lombardischen Gotik steht dagegen die *_Collegiata_ (1425), zu der man über einen idyllischen Weg hinaufsteigt. Sie bewahrt hervorragende *Fresken, teilweise von Masolino da Panicale (1435). Von der Hand des Florentiners stammen auch die *Wandmalereien im _Baptisterium,_ Szenen aus dem Leben Johannes des Täufers (Kirchen sowie das kleine Museum ◷ Di bis Fr 10–12, 15–18 Uhr, Sa/So 10–12.30, 14.30–18 Uhr).

***Castelseprio** (352 m). Großes Ausgrabungsgelände nördlich des gleichnamigen Ortes (Zufahrt, 1,5 km), vermutlich eine Gründung der keltischen Insubrer, später Hauptort einer langobardischen Provinz, im Mittelalter eine mächtige Kommune, schließlich 1287 von den Visconti zerstört. Freigelegt wurden u. a. Reste von Mauern und Gräben einer Burg und einiger Wehrtürme sowie zweier Kirchen und eines Baptisteriums. Etwas abseits steht die kleine Kirche _Santa Maria foris portas_ (7. Jh.?); kostbarster Schmuck ist ihr unvollständig erhaltener ** Freskenzyklus (s. S. 8).

Lago di Varese, siehe Route 5.

* Como

Como (201 m; 95 000 Einw.), die »kühle Schöne«, hat zwei Gesichter: ein nobles, dem See zugewandtes, und ein häßliches, in die Brianza hinauswucherndes. Am besten nähert man sich Como von Norden her, übers Wasser oder auf einer der Uferstraßen. Dann entfaltet die Stadt ihren ganzen Zauber; Grün und Grau, dazu ein gedämpftes Ocker, mediterran Licht und Landschaft, verhalten, lombardisch-nüchtern die Mauern der Altstadt. Verborgen bleibt dem Anreisenden, was sich hinter der vornehmen Fassade verbirgt: das pulsierende Herz der Industriestadt, Vorort und Hinterhof zugleich. Doch ohne Gewerbe und Industrie ist Como nicht denkbar. Waren es zunächst die »Maestri Comacini«, Baumeister und Steinmetze aus der Region (vor allem aus dem Intelvi-Tal; vgl. S. 9, 48), die den Namen der Stadt weithin bekannt machten und über Jahrhunderte hinweg die lombardische Baukunst prägten, so bestimmte später (und heute noch) die Seide das wirtschaftliche Gedeihen. Um 1510 richtete Pietro Boldoni hier die erste Seidenmanufaktur ein; »pura seta di Como« ist weltweit ein Begriff. Immerhin wird in der Region etwa ein Viertel der Weltproduktion verarbeitet; täglich produziert Como ein Stoffband von rund 250 km Länge!

GESCHICHTE

Die Geschichte der Stadt beginnt nicht erst mit ihren beiden berühmtesten Söhnen _Plinius dem Älteren_ (24–79 n. Chr.), Verfasser der 37bändigen Enzyklopädie »Naturalis historia«, und seinem Neffen, _Plinius dem Jüngeren_ (62–113 n. Chr.); die Gegend war, wie reiches Fundmaterial beweist, schon lange vor dem Auftreten der Römer besiedelt. Älteste Spuren werden in die Steinzeit datiert. Auf die Römer folgten Langobarden und Franken; im Mittelalter blieb auch Como nicht von den Kämpfen zwischen Parteigängern des Kaisers (Ghibellinen) und papsttreuen Guelfen verschont. In einem zehnjährigen Krieg mit Mailand (1118-1127) wurde die Stadt am Lario teilweise zerstört. Gefördert von Kaiser Friedrich Barbarossa erholte sie sich zwar, konnte aber auf Dauer dem übermächtigen Nachbarn nicht widerstehen. Immerhin brachte die Herrschaft der Visconti (ab 1335) und der Sforza (ab 1450) eine wirtschaftliche und kulturelle Blüte, ganz im Gegensatz zur spanischen Herrschaft, die bis 1714 andauerte. Erst unter den österreichischen Habsburgern setzte wieder ein allmählicher Aufschwung ein; vor allem die blühende Seidenindustrie verhalf Como zu beträchtlichem Wohlstand.

SEHENSWÜRDIGKEITEN

Aus Comos Alstadt, der »Città murata« – innerhalb der modernen Siedlung noch deutlich erkennbar und im Grundriß beinahe identisch mit dem römischen Castrum –, ist der Autoverkehr heute teilweise verbannt; hier darf auch seit längerem nur noch renoviert, aber nicht mehr neu gebaut werden. Die alten Mauern und Arkaden laden zum Bummel ein; in den Geschäftsauslagen entdeckt man all das, wofür »Made in Italy« steht, exklusive Mode und viele Köstlichkeiten für Gourmets.

Günstiger Ausgangspunkt für einen Rundgang durch die historische Città ist der *Domplatz,* den

**** Dom** [1], *Broletto* und *Torre del Comune* als geschlossener Baukomplex von grandioser Wirkung nach Osten hin abschließen. Während der Stadtturm und das ehemalige Rathaus (Broletto) mit seinen Arkaden und der auffällig gemusterten Fassade im Kern aus dem frühen 13. Jh. stammen, wurde mit dem Bau des Doms erst 1396 begonnen. Die Arbeiten zogen sich – mit Unterbrechungen – bis Mitte des 18. Jhs. hin (Vierungskuppel von F. Juvara, 1744); dennoch ist der Gesamteindruck durchaus harmonisch. Der Entwurf von Lorenzo degli Spazzi war gotisch; die * Fassade, 1457 begonnen, gilt als eine Meisterleistung der lombardischen Frührenaissance. Der plastische Schmuck stammt zum Teil von den Brüdern Rodari, so das vorzügliche Relief in der Lünette (Anbetung der Könige) und die beiden sitzenden Gestalten links und rechts des Hauptportals: Plinius der Ältere und Plinius der Jüngere. Die beiden Rodari schufen auch das reichgeschmückte »Krötentor«, die *Porta della Rana,* an der Nordseite des Gotteshauses, das seinen Namen einem (allerdings nur noch in Umrissen erkennbaren) Froschrelief verdankt.

Schemenhaft präsentiert sich zunächst auch die berühmte Innenausstattung des Doms; das spärlich einfallende Licht erhellt den hohen Kirchenraum – spätgotisch das dreischiffige Langhaus, in Renaissancebauformen Querhaus samt Kuppel – nur wenig. Aus der Fülle von Kunstwerken seien hier einige hervorgehoben: die großen, im Langhaus aufgehängten Gobelins (16./17. Jh.), eine Kreuzabnahme (1498) im linken Seitenschiff von Tommaso Rodari, der zusammen mit seinem Bruder Jacopo auch den Skulpturenschmuck der Seitenaltäre gestaltete; ferner mehrere gute Altarbilder von Bernardino Luini (u. a. eine »Anbetung der Könige«) und Gaudenzio Ferrari (u. a. »Flucht nach Ägypten«).

Vom Dom sind es nur wenige Schritte zur Kirche **San Fedele* [2], einer romanischen Basilika, im 12. Jh. über den Fundamenten eines Vorgängerbaus aus frühchristlicher Zeit errichtet. Außen fällt vor allem die originell gestaltete Apsis mit ihrer Zwerggalerie auf; der Grundriß – eine Kleeblattanlage – erinnert entfernt an die Pfalzkapelle Karls des Großen in Aachen. Reichen Skulpturenschmuck weist das Nordportal auf; im Innern entdeckt man (bei genauem Hinsehen) links der Nordapsis Freskenreste des 12./13. Jhs., die thematisch mit jenen im Baptisterium von Riva San Vitale verwandt sind (vgl. S. 40).

Noch weiter in die Vergangenheit Comos führt das

Museo Archeologico Artistico [3], eines der beiden Städtischen Museen, das im Palazzo Giovio untergebracht ist. Die ältesten Funde in der archäologischen Abteilung stammen aus der Steinzeit (Merone, ca. 8000 v. Chr.), eine Siedlungskontinuität über Bronze- und Eisenzeit bis zu den Römern ist durch reiches Material belegt. Zu den interessantesten Objekten gehören ein Einbaum aus dem Lago di Monate (ca. 1200 v. Chr.) sowie ein Kultwagen (5. Jh. v. Chr.). Gezeigt werden auch Exponate aus romanischer und gotischer Zeit, darunter einige Kapitelle aus Sant'Abbondio; die Gemäldegalerie umfaßt vor allem Werke lombardischer Künstler des 16.–18. Jhs. Den Kulturen rund ums Mittelmeer ist eine »exotische« Abteilung gewidmet; sie präsentiert griechische, phönizisch-punische, etruskische, babylonische und ägyptische Kunst. – Das

Museo del Risorgimento »G. Garibaldi«, in unmittelbarer Nachbarschaft des Palazzo Giovio in dem klassizistischen Palazzo Olginati untergebracht, informiert vor allem über die Geschichte der Stadt, den Befreiungskampf des 19. Jhs. und die beiden Weltkriege.

Beide Museen ◷ Di bis Sa 9.30–12, 14–17 Uhr, So 9.15–12.15 Uhr.

Von den mittelalterlichen Befestigungen Comos (12. Jh.) sind noch größere, zusammenhängende Teile der Wehrmauer sowie drei Türme erhalten: Torre di Porta Nuova, Torre di San Vitale und die wuchtige

Torre di Porta Vittoria [4], immerhin rund 40 m hoch, auffallend mit ihren mehrreihigen, übergroßen Doppelfenstern. Ganz in der Nähe (im Keller der Mittelschule) wurde ein Rest der römischen *Porta Praetoria* des 2. Jhs. freigelegt.

Von der Piazza Vittoria ist es nicht weit zur Kirche

**** Sant'Abbondio** [5], die zwar zwischen der Bahnlinie und häßlichen Industrieanlagen steht, aber zu den bedeutendsten Sakralbauten der lombardischen Frühromanik gehört (Weihe 1095).

Die fünfschiffige Basilika mit ihren beiden Glokkentürmen zeigt stilistisch Ähnlichkeit mit gleichzeitig entstandenen Bauten nördlich der Alpen (z. B. Dom von Speyer). Das Äußere wird durch Lisenen und Rundbogenfriese belebt; der plastische Schmuck ist eher sparsam (Apsisfenster). Im auffallend tiefen Chor sind gotische Wandmalereien erhalten (um 1350). Der nördlich anschließende ***Kreuzgang* mit seinen doppelgeschossigen Arkaden wurde erst im 16. Jh. errichtet.

Freie Sicht auf die Stadt und zum See hat man vom *Castello Baradello* (432 m; Zugang über die Piazza San Rocco), dessen malerische Ruine sich am Osthang des Monte della Croce (536 m) erhebt. Unter Friedrich Barbarossa wurde die Feste zur Sicherung Comos errichtet (um 1158); die Visconti bauten sie später aus. Mit ihrem Namen verbindet sich eine besonders grausame Episode: Ottone Visconti ließ hier seinen Gegner Napo Torriani, den er bei Desio (1277) gefangengenommen hatte, in einem Gitterkäfig am Bergfried aufhängen. Der Unglückliche soll nach 19 Monaten (!) verhungert sein…

Ganz in der Nähe der Burg liegt *San Carpoforo,* vermutlich im 4. Jh. gegründet, die erste Kathedrale von Como. Die romanische Basilika entstand nach 1025; Chor und Apsis werden auf die Mitte des 12. Jhs. datiert.

Der zweite Weg in Como führt hinaus zum See, über die Piazza Cavour zum *Lungolario* und zum Hafen. Rechts kommt man zur Standseilbahn nach Brunate; nicht weit von der Talstation, an der Piazza Amendola, steht die *Kirche Sant'Agostino,* einziges Beispiel gotischer Bettelordensarchitektur in der Stadt, im 14. Jh. von Zisterziensern begründet, mit spätromanischem Portal und beachtenswertem Freskenschmuck des frühen 17. Jhs.

An der Westseite des Hafens zieht ein neoklassizistisches Gebäude den Blick auf sich, der

Tempio Voltano [6]. Alessandro Volta (1745–1827) ist neben Plinius d. Ä. und Plinius d. J. der berühmteste Sohn der Stadt; in dem (Tempel-)Museum werden zahlreiche Objekte des Physikers und Entdeckers gezeigt, darunter einige von ihm erfundene Batterien sowie persönliche Erinnerungsstücke (🕓 täglich außer Mo, April bis September 10–12, 15–18 Uhr, Oktober bis März 10–12, 14–16 Uhr). – Eine gepflegte Uferpromenade führt, vorbei am Fußballstadion, hinaus zur

***Villa Olmo** [7], einem prächtigen Anwesen, 1782–1789 nach Plänen des Tessiners Simone Cantoni in klassizistischem Stil erbaut, verschwenderisch ausgestattet, umgeben von einem großen, öffentlich zugänglichen Park. Zwei andere, architektonisch ebenfalls beachtenswerte Palazzi, beide an der Via Borgo Vico, sind leider nicht zugänglich: die *Villa La Rotonda* des Wiener Architekten Leopold Pollack (Ende 18. Jh.) und die *Villa La Gallia,* im Kern ein Bau des Frühbarock (1615), später dann verändert.

PRAKTISCHE HINWEISE

ℹ APT, Azienda di Promozione Turistica del Comasco, Piazza Cavour 17, I-22100 Como; ☎ 0 31/27 40 64.

🚂 Chiasso – Lugano, Mailand, Lecco.

🚌 Orte der Umgebung, Menaggio, Bellagio, Varese.

⛴ Lago di Como, Uferorte und Rundfahrten.

🚡 Standseilbahn Brunate.

🏨🏨🏨 »Como«, »Metropole e Suisse«, »Continental«. – 🏨🏨 »Fontana«, »Quarcino«. – 🏨 »Piazzolo«.

⛺ »International«.

UMGEBUNG

Cernobbio (201 m; 8000 Einw.). Nur 5 km von Como liegt am westlichen Seeufer der renommierte, traditionsreiche Ferienort. Hauptsehenswürdigkeit ist die **Villa d'Este,* 1565–1570 nach Plänen von Pellegrino Tibaldi erbaut, zu Beginn des 19. Jhs. von Karoline von Braunschweig, der (unglücklichen) Gattin des späteren englischen Königs Georg IV., dem Zeitgeschmack entsprechend umgestaltet, heute Luxushotel (und deshalb zusammen mit dem prächtigen Garten nur Hotelgästen zugänglich).

🏨🏨🏨 »Asnigo«, »Miralago«. – 🏨🏨 »Giardino«, »Terzo Crotto«. – 🏨 »Della Torre«.

***Monte Bisbino** (1325 m). Ein Abstecher führt von Cernobbio nördlich knapp 17 km auf einem schmalen, vielgewundenen Sträßchen auf den Berg. (Gipfelpanorama).

Brunate (715 m; 6 km). Aus der Vogelperspektive erlebt man Como und seine Seebucht vom Villenort Brunate, der sich hoch über der Stadt an die Ausläufer des Monte Boletto (1236 m) schmiegt (🚡 oder Straße). Noch bessere Aussichtspunkte liegen oberhalb bei *San Maurizio* (906 m; 2 km) und beim *Faro Voltiano.* Eine prächtige Kammwanderung führt östlich über Monte Boletto bis zum Monte Palanzone (1436 m), ca. 5 Std.

Brianza. Südöstlich von Como, zwischen dem Seveso-Bach und dem Tal der Adda, erstreckt sich die Hügellandschaft der Brianza mit ihren Seen (vgl. Route 9), modelliert von eiszeitlichen Gletschern, seit der Römerzeit bevorzugte Wohnlage vermögender Mailänder (verschiedene antike Ausgrabungen). Wer sich allerdings heute auf die Suche nach der Brianza vergangener Jahrhunderte macht, wird enttäuscht sein; die Idylle ist größtenteils verbaut: Straßen, Fabriken, Supermercati statt Parks und Villen.

Dennoch lohnt es sich, wenigstens die beiden bedeutendsten romanischen Sakralbauten der Brianza bei *Civate* (siehe Route 9) und *Cantù* (369 m, 11 km ab Como) zu besuchen. Auf einem kleinen, mit Pinien bestandenen Hügel beim Vorort *Galliano* stehen die **Basilika San Vincenzo* und das **Baptisterium San Giovanni.* Von der 1007 geweihten Kirche, die über einem frühchristlichen Gotteshaus (5. Jh.) errichtet wurde, sind nur Fragmente erhalten; Vorhalle und Campanile fehlen, ebenso ein Seitenschiff, wodurch der Bau nach Süden hin offen ist (verglast). Einziger Schmuck der Kirche ist ein ** Freskenzyklus (1009): im Chor ein riesiger Christus in der Mandorla zwischen den Erzengeln Michael und Gabriel, darunter die Propheten Jeremias und Ezechiel; im Langhaus Szenen aus dem Leben Samsons, die Legende des hl. Christophorus sowie Darstellungen der Schöpfungsgeschichte.

Das Baptisterium *San Giovanni* (Anfang 11. Jh.) ist eines der ältesten Bauwerke in der Lombardei. Es wird bekrönt von einem achteckigen Kuppeltambour.

** Locarno – * Cannobio – * Verbania (37 km)

***Lago Maggiore,* der Verbanus im alten Rom, vielbesungen, als Landschaftswunder gepriesen, seit der Zeit unserer Urgroßväter beliebtes Reiseziel, für viele einst Inbegriff des Südens, Bella Italia schlechthin…

Seine Entstehung verdankt der Lago Maggiore – wie alle Seen am Alpenrand – eiszeitlichen Gletschern, die sein Bett bis auf eine Tiefe von 372 m aushobelten, immerhin 179 m unter den Meeresspiegel. Mit einer Wasserfläche von 216 km² ist der nach dem Gardasee zweitgrößte oberitalienische See 66 km lang (deshalb auch der – allerdings wenig gebräuchliche – deutsche Name »Langensee«), aber im Durchschnitt nur gerade 4 km breit, maximal 11 km.

Bedeutendster Zufluß des Sees ist der *Ticino,* der in den Schweizer Zentralalpen entspringt, bei Locarno in den Lago Maggiore mündet und gemeinsam mit der Verzasca die Magadinoebene aufgeschüttet hat. Ein anderer Zufluß, die wilde *Maggia* (heute durch Kraftwerknutzung gezähmt), ist verantwortlich für das größte Delta der Schweiz zwischen Locarno und Ascona (ca. 6 km²). Aus dem Val Antigorio herab kommt der *Toce,* bei Luino mündet die *Tresa,* der Abfluß des Luganer Sees. Entwässert wird der Lago Maggiore durch den *Ticino,* der unweit von Pavia schließlich in den Po mündet und mit diesem in die Adria fließt.

Italien und die Schweiz teilen sich den »Großen See«: das obere Fünftel gehört zur Eidgenossenschaft, zum Kanton Tessin, das Westufer zur italienischen Region Piemont (Provinz Novara), das Ostufer zur Lombardei (Provinz Varese). Das nördliche, von hohen Bergen (Gridone, 2188 m) umstellte Seengebiet öffnet sich dann mehr und mehr gen Süden, entfaltet dabei seinen unvergleichlichen Reiz. Die Berge sind nur Kulisse, eine südliche Sonne taucht die Landschaft in strahlendes Licht.

Aber nicht nur Wasser, Sonne und Berge gehören zum Lago Maggiore; seine Villen und Gärten, heute nur noch museale Pracht, erzählen von der »guten alten Zeit«, als man noch mit der Kutsche von Mailand zum See fuhr, Reisen zu den Privilegien einer kleinen Gesellschaftsschicht gehörte. Heute sind Plüsch und Pomp Vergangenheit, die Probleme heißen Verkehr und Umweltbelastung. Messungen im Tessin haben gezeigt, daß die klaren, smogfreien Tage von Jahr zu Jahr abnehmen.

Ein See, drei Regionen: das recht alpin wirkende obere Tessiner Seebecken, das gelegentlich als »reiches Ufer« bezeichnete piemontesische Westufer, dem östlichen, »armen« lombardischen Ufer klar überlegen. Die klimatischen wie landschaftlichen Vorzüge liegen eindeutig im Westen: Locarno, Ascona, Verbania, Stresa und natürlich die Isole Borromee. Das Ostufer wirkt ursprünglicher, auch herber; man entdeckt hier noch mehr Natur, an die kein Gartenarchitekt Hand angelegt hat; auch ist dieses Seeufer vom Tourismus noch nicht völlig vereinnahmt.

Ein See mit ganz verschiedenen Gesichtern: alpin, mediterran, modern und nostalgisch, wild und gezähmt; ein See auch mit einem vielgestaltigen Hinterland, das durchaus Aufmerksamkeit verdient, das in – wohltuendem – Kontrast zum Ufersaum steht, ein Paradies vor allem für jene, die gern ausgetretene Pfade verlassen, kleine Entdeckungsreisen unternehmen.

Das mächtige Schuttdelta der *Maggia* trennt ***Locarno* (s. S. 15) vom kaum weniger berühmten Ferienort

*** Ascona** (199 m; 4800 Einw.), 3 km. Noch vor der Jahrhundertwende ein verschlafenes Fischerdorf, war der Ort zunächst ein Dorado für die »Wahrheitssucher«, die sich als Vertreter einer naturbezogenen theosophischen Lebensreform auf dem Monte Verità (Berg der Wahrheit) niederließen, ehe sich Ascona zum mondänen Urlaubsort entwickelte. Der Bauboom der letzten fünfundzwanzig Jahre erfaßte zwar das Maggiadelta und die Collina (Monte Verità), verschonte aber den alten Borgo weitgehend. So hat sich das malerisch an einer Seebucht gelegene Städtchen eine unverwechselbare, von Kunstsinn, Weltoffenheit und »Italianità« geprägte Atmosphäre bewahrt – der alljährlichen Tourismus-Invasion zum Trotz. Hinter der berühmten Seepromenade *Piazza G. Motta* liegt die malerische Altstadt. Die Pfarrkirche *Santi Pietro e Paolo,* eine dreischiffige Säulenbasilika (16. Jh.), birgt drei kostbare *Tafelbilder des einheimischen Malers Giovanni Serodine (1594–1630).

Schönster Barockbau Asconas ist die *_Casa Borrani_ (»Casa Serodine«), nur wenige Schritte von der Kirche, mit prachtvoller dreigeschossiger Fassade (um 1620). Eine Inschrift über dem Portal nennt als Erbauer und Künstler Cristoforo Serodine und seinen Sohn Battista; die berühmte Maler- und Bildhauerfamilie Serodine residierte hier.

Am Rand des alten Ortskerns liegt das 1584 gegründete _Collegio Papio,_ dessen *Kreuzgang zu den schönsten Renaissancehöfen der Schweiz zählt. Die Pläne lieferte möglicherweise der berühmte Pellegrino Tibaldi aus Valsolda (s. S. 44). Das Marmorrelief über dem Nordeingang zum Hof zeigt eine Schutzmantelmadonna mit der Stifterfamilie Papio (1602); in einer Nische der Nordwand steht die Büste des Stifters Bartolomeo Papio (1603).

Die Kirche _Santa Maria della Misericordia_ (1399 bis 1422) wurde nach der Gründung dem Kollegium angegliedert. In strenger Bettelordensarchitektur errichtet, bewahrt sie kostbaren Freskenschmuck (15. und frühes 16. Jh.). Hervorzuheben ist vor allem der große *Bilderzyklus im Chor: an der Nordwand etwa 60 Bildfelder mit Szenen aus dem Alten Testament, an der Südwand Darstellungen aus dem Leben Christi. Die Malereien am Chorbogen – oben Verkündigung, links Christus in der Mandorla, Domenikus, Petrus als Märtyrer und Muttergottes, rechts Kreuzabnahme – stammen von den Serengo-Brüdern aus Lugano (1486). Das Tafelbild des Hochaltars schuf Antonio de Lagaia aus Ascona 1519.

Vom Collegio führen enge Gäßchen zur belebten Seepromenade. Man tut allerdings gut daran, sich bei dem Spaziergang etwas Zeit zu lassen. Der historische Borgo ist reich an malerischen Winkeln und interessanten architektonischen Details. In den Galerien und Antiquitätenläden findet sich Kunst neben Kitsch, Avantgardistisches neben Traditionellem.

Zeitgenössisches zeigt das _Museum für moderne Kunst_ an der Via Borgo (◷ März bis Dezember jeweils Di–Sa 10–12, 15–18 Uhr, So 10–12 Uhr).

Über Ascona erhebt sich der teilweise bewaldete, stark verbaute Hügel des _Monte Verità_ (321 m) mit Aussicht auf den See und das Maggiadelta (Spazierwege). Die _Casa Anatta,_ 1900–1920 Wohnhaus und Repräsentationsgebäude der »Vegetabilen Cooperative Monte Verità«, bewahrt interessante Dokumente zur Geschichte dieser Gemeinschaft, nach der Jahrhundertwende »Wallfahrtsort« für die Anhänger sozialidealistischer, naturbezogener und reformerischer Lebensgestaltung jeglicher Couleur (◷ April bis Oktober Di–So 14.30–18 Uhr).

ℹ Ente Turistico Ascona e Losone, Via Bartolomeo Papio, CH-6612 Ascona; ☎ 03/35 55 44.

✈ Flugplatz Ascona (Rundflüge).

🚌 Monte Verità, Locarno, Ronco, Brissago, Verbania – Stresa, Lugano; Rundfahrten.

⛴ Uferorte, Rundfahrten.

Regionales Ferienabonnement. Das Ferienabo der Region Locarno/Ascona bietet freie Fahrt mit Bahn, Bus, Schiff während 7 Tagen (von März–Oktober).

⌂⌂⌂L »Castello del Sole«, »Delta«. – ⌂⌂⌂ »Casa Berno«, »Riposo«. – ⌂⌂ »Arancio«, »Mirador« (garni). – ⌂ »Timeo«, »Villa Veratum« (garni).

⛺ »Segnale«.

Veranstaltungen: Carnevale mit Risottoessen auf der Piazza (28. Februar); Open-air-New-Orleans-Jazz-Festival (Ende Juni/Anfang Juli); Internationale Musikfestwochen (Ende August–Oktober).

Hinter Ascona kommen auf der Uferstraße bald die berühmten _Isole di Brissago_ ins Blickfeld; die schönste Ansicht der beiden Inseln genießt man allerdings von _Ronco_ (355 m; 800 Einw.), zu dem von Porto Ronco, 7 km, ein Sträßchen hinaufführt (2 km). Die Pfarrkirche von Ronco bewahrt spätgotische Fresken von Antonio de Tradate (1492). Auf dem Friedhof liegt der berühmte deutsche Schriftsteller Erich Maria Remarque (1898–1970) begraben (»Im Westen nichts Neues«).

Brissago (211 m; 2000 Einw.), 10 km, ist ein beliebter, mit seinen Palazzi und der subtropischen Vegetation sehr südländisch anmutender Ferienort. Funde im Gemeindegebiet belegen eine keltische und eine römische Siedlung. Im Mittelalter genoß Brissago als reichsunmittelbare Minirepublik besondere Privilegien (Steuer- und Zollfreiheit, Gerichtsbarkeit), die seit der Zugehörigkeit zur Eidgenossenschaft im 16. und 17. Jh. stark verteidigt werden mußten. Heute ist der Tourismus eine der Haupteinnahmequellen von Brissago, der leider auch das historische Ortsbild nachteilig verändert hat.

Schönster Profanbau des alten Stadtkerns, der auf einem Bachdelta liegt, ist die *Casa Branca* (auch Palazzo Baccalà, um 1740) mit reich gestalteter Schaufassade. Kunsthistorisch gilt die Renaissancekirche **Madonna del Ponte* im Süden außerhalb des Ortes als eine der bedeutendsten Schöpfungen der lombardischen Architektur in der Schweiz (1520–1545). Baumeister war Giovanni Beretta; er ließ sich bei der Gestaltung der achteckigen Kuppel mit Säulengalerie sichtbar von Bramante inspirieren.

Südlich des Ortes liegt auch die 1847 gegründete Zigarrenfabrik Fabbrica Tabacchi, Hersteller der Virginia-Zigarre »Brissago«, die nicht nur in der Schweiz ihre Anhänger hat (Führungen von Mai–September, ❶ im Verkehrsbüro).

In der Umgebung von Brissago lassen sich schöne Spaziergänge unternehmen, stets mit Seeblick und dem mächtigen Bergmassiv des Gridone (2188 m) im Rücken (Tourenziel). Zwischen Porto Ronco und Brissago liegen vor dem Westufer des Sees die

*** Brissago-Inseln.** Vermutlich bereits zur Römerzeit bewohnt, sollen sie später verfolgten Christen als Zuflucht gedient haben. Im 12. Jh. wurde auf dem *Isolino* – der kleineren Insel – eine dem heiligen Apollinaris geweihte Kirche errichtet, von der nur noch Mauerreste übrigblieben. Auf der *Isola Grande* bezaubert der um 1885 angelegte, 3,3 ha große **Botanische Garten des Kantons Tessin* den Besucher mit einer einzigartigen subtropischen und exotischen Vegetation (Führungen von April–September). Die 1927 im Stil der italienischen Renaissance errichtete Villa beherbergt heute das *Museo etnografico africano* mit einer kleinen Sammlung von Gerätschaften und Waffen. (🕓 täglich 9.30–17.30 Uhr).

❶ Ente Turistico Brissago e Ronco, CH-6614 Brissago; ☎ 0 93/65 11 70.

🚌 Ascona – Locarno, Verbania – Stresa.

⛴ Brissago-Inseln, Uferorte, Rundfahrten.

⌂⌂⌂L »Villa Caesar«. – ⌂⌂⌂ »Brenscino«, »Mirto au Lac«. – ⌂⌂ »Sole«, »La Favorita«. – ⌂ »Camelia«, »Collina« (garni).

Veranstaltungen: Fischerfeste (Ende Mai), Sommerfest (Juli), Kastanienfest (Oktober).

Bei Valmara passiert man die Grenze zu Italien; erster Ort auf piemontesischem Gebiet ist

*** Cannobio** (201 m; 5200 Einw.), 17 km, das römische Canobium, ein stattlicher Flecken mit

Val Cannobina: Zauber der Vergangenheit

historischem Kern, malerischen Arkaden am See und einer sehenswerten Wallfahrtskirche *Santa Pietà,* unmittelbar neben der Schiffsanlegestelle. 1571 nach Plänen von Pellegrino Tibaldi erbaut, bewahrt sie ein Gnadenbild, das den toten Christus neben Maria und Johannes zeigt und einst als wundertätig galt (um 1400); das figurenreiche Altarbild stammt von Gaudenzio Ferrari (1536). Im *Palazzo delle Ragione* (13. Jh.), dem alten Rathaus, ist ein kleines Ortsmuseum untergebracht; gleich daneben steht der schöne romanische Turm (11. Jh.) der Kirche *San Vittore.*

❶ Ufficio Turistico »Pro Cannobio«, Viale V. Veneto 4; I-28052 Cannobio; ☎ 03 23/ 7 12 12.

🚌 Locarno, Verbania, Valle Cannobina.

⛴ Uferorte, Rundfahrten.

⌂⌂⌂ »Campagna«, »Il Portico«. – ⌂⌂ »Antica Stallera«.

⛺ mehrere Plätze.

Veranstaltung: Fischerfest (Juni).

Cannobios Hinterland bietet abwechslungsreiche Ausflugsziele. Nur etwa 2 km vom Ortszentrum rauscht der Cannobino-Bach durch eine wildromantische Klamm, den **Orrido di Sant' Anna* (Zufahrt). Nördlich über der Mündung des Bergbachs liegt der ruhige Weiler *Sant' Agata*

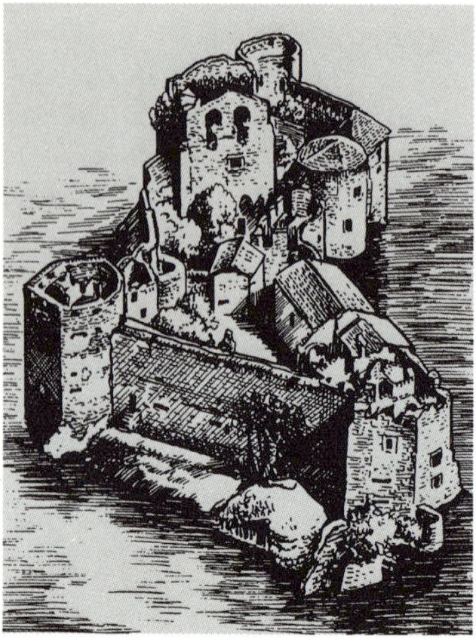

Castelli di Cannero im Lago Maggiore

(464 m; 5 km) mit prächtigem Blick über den See. Noch umfassender ist der Ausblick vom *Monte Giove* (1298 m; 3 Std.) weit in die Tessiner Alpen hinein. Sehr schön zeigt sich von hoher Warte aus auch das malerische

***Val Cannobina.** Eingebettet zwischen die mächtigen Bergstöcke des Gridone (2188 m) und des Monte Zeda (2156 m), ist es besonders für Naturliebhaber einen »Seitensprung« wert. Kleine Bergnester an steilen Hängen, da und dort ein altes Kirchlein, gut markierte Wanderwege und lohnende Gipfelziele (Monte Zeda, 5 Std. ab Falmeta; Testa del Mater, 3 Std. von Finero), aber auch entvölkerte Dörfer und verfallene Häuser findet man in diesem Tal.

Eine Kuriosität ganz besonderer Art hat die Ortschaft *Gurro* (812 m; 16 km ab Cannobio) zu bieten. Seine Bewohner können auf ihre schottische Abstammung stolz sein. Schottisch geht es auch in der »Scotch Bar« und dem »Ristorante Scozia« zu, und zu festlichen Anlässen tragen die Einheimischen sogar den Kilt. Ein (echter) schottischer Baron, Graye of Graye and Nigg, hat den Gurresen ihre Herkunft bestätigt und sie alle in seinen Highland-Clan aufgenommen (dafür wurde der »Barone« zum Ehrenbürger ernannt). Historisch gesichert ist lediglich, daß nach der Schlacht von Pavia (1525) eine schottische Söldnerkompanie nicht in ihre Heimat zurückkehrte; die Mundart weist nach Ansicht von Sprachforschern gallisch-keltische Elemente auf. Aber die Geschichte ist wohl zu schön, um nicht wahr zu sein... Einiges über die umstrittene »Schottentheorie« findet sich im *Ortsmuseum,* dazu allerlei Volkskundliches (🕒 täglich außer Do 9–17 Uhr).

Zum Flanieren laden die verwinkelten, engen Gäßchen im malerischen alten Dorfkern ein, die teilweise noch spätmittelalterlichen Baubestand aufweisen.

Aus dem Tal des Cannobino führt eine Straße über den Piano di Sale (934 m) ins *Val Vigezzo;* nach Domodossola 45 km, nach Locarno 54 km ab Cannobio.

Auf der Weiterfahrt am Seeufer entlang kommt man durch *Carmine Inferiore,* 19,5 km. Rechts, hoch am Hang, wird die Kirche von *Carmine Superiore* (305 m; Fußweg) sichtbar, ein Bau des 14./15. Jhs. mit sehenswerten Fresken und einem Triptychon von Battista da Legnano (1529).

Vor dem wegen seines milden Klimas beliebten Ferienort

Cannero Riviera (225 m; 1200 Einw.), 24 km, tauchen draußen im Wasser zwei felsige Inselchen auf, die *Castelli di Cannero,* malerischer Blickfang mit düsterer Historie, einst gefürchtete Räubernester. 1414 ließ Filippo Visconti die Burgen schleifen, Lodovico Borromeo baute später hier seine Burg La Vitaliana, von der aber auch nur noch Ruinen stehen.

Eine kurvenreiche Straße führt von Cannero hinauf nach *Trarego* (771 m; 7 km), einem stillen Bergort in reizvoller Terrassenlage unter dem Monte Pianbello (1325 m). Auf romantischen Bergserpentinen kann man über den Passo della Piazza (1048 m), Colle (1238 m) und Pian Cavallo nach Premeno (804 m) und hinab nach Verbania fahren (ca. 35 km; s. S. 17) – landschaftlich überaus abwechslungsreich, aber nur für bergerfahrene Fahrzeuglenker (oder Mountainbiker) geeignet.

🏨🏨 »Cannero«, »Park Italia«. – 🏨 »Milano«.

⛺ »Lido«.

Die weitere Uferstrecke von Cannero Riviera über *Oggebbio* und *Ghiffa* (201 m), 33 km, überrascht immer wieder mit einem schönen Seepanorama. Unübersehbar am lombardischen Ostufer die steil zum Wasser abfallende Felsnase der *Rocca di Calde* . Ein lohnender kleiner Abstecher führt hinauf zum *Santuario della Trinità* (378 m) in prächtiger Lage (Naturpark).

***Verbania** (s. S. 17), 37 km.

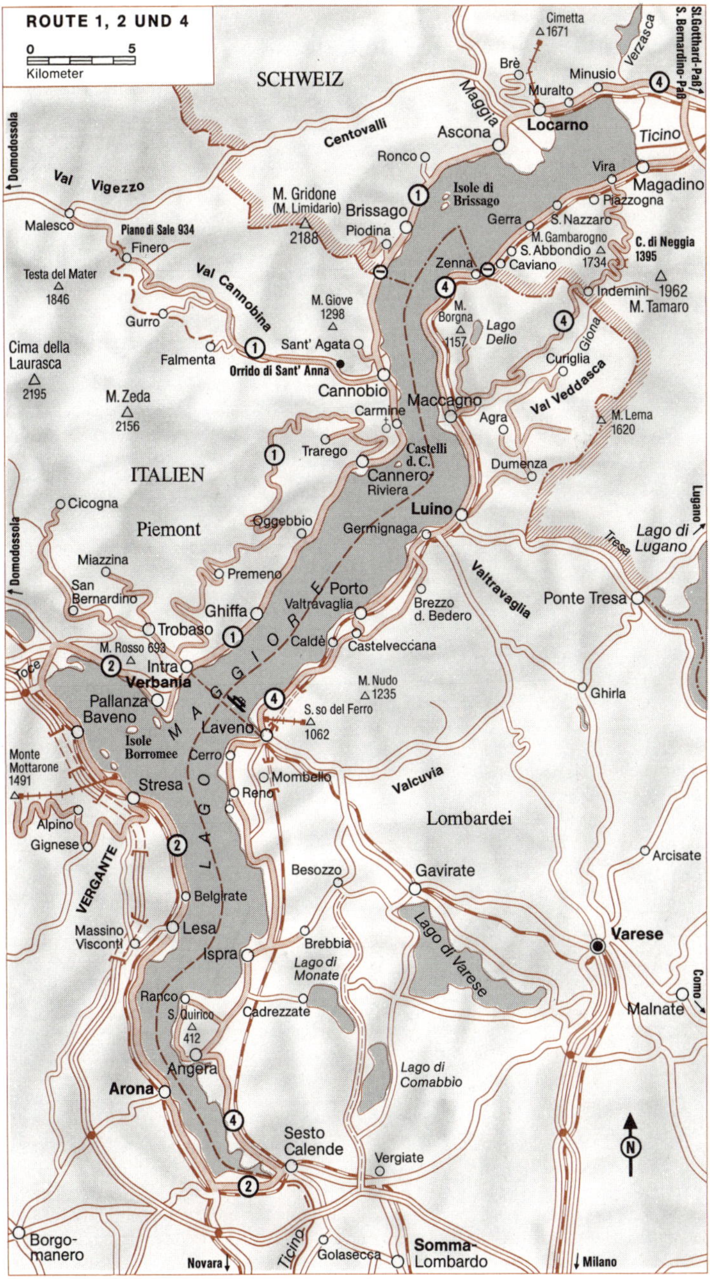
ROUTE 1, 2 UND 4
0 5 Kilometer
SCHWEIZ
ITALIEN
Piemont
Lombardei
LAGO MAGGIORE
Locarno
Ascona
Brissago
Cannobio
Luino
Verbania
Intra
Pallanza
Baveno
Stresa
Laveno
Arona
Angera
Sesto Calende
Varese
Magadino
Maccagno
Isole di Brissago
Isole Borromee
Centovalli
Val Vigezzo
Val Cannobina
Val Veddasca
Valtravaglia
Valcuvia
VERGANTE
Lago di Lugano
Lago di Varese
Lago di Monate
Lago di Comabbio
Lago Delio
Ponte Tresa
Gavirate
Somma-Lombardo
Borgomanero
Novara
Milano
Como
Lugano
Domodossola
St. Gotthard-Paß/ S. Bernardino-Paß
Monte Mottarone 1491
M. Gridone (M. Limidario) 2188
M. Tamaro 1962
M. Lema 1620
Orrido di Sant' Anna
Castelli d. C.
Cannero-Riviera
Ticino
Toce
Tresa
Maggia
Verzasca

* Verbania – * Stresa – Sesto Calende (43 km)

Von Verbania um die *Borromäische Bucht* herum nach Stresa und weiter bis zum Abfluß des Ticino aus dem See erstreckt sich die berühmte »Riviera« des Lago Maggiore, ein gottgesegneter Landstrich, subtropisch üppig die Vegetation (man zählt hier beispielsweise rund 350 exotische Pflanzen), überstrahlt von einer südlichen Sonne, die das Alltagsgrau rasch vergessen läßt. Mehr an Alltag erinnert dagegen das Verkehrsgewühl auf der Uferstraße (Autobahn im Bau), und wer im Hochsommer die Borromäischen Inseln besucht, wird vor den Touristenmassen eher die Flucht ergreifen. Sehr viel reizvoller und vor allem ruhiger ist es im Frühjahr oder Spätherbst, wenn bei klarer Sicht der Horizont bis zu den Firngipfeln der Schweizer Alpen reicht. Dann entfaltet der See seine ganze unvergleichliche Schönheit: heiterer Blütenzauber an den Ufern, ein majestätisch weiter Landschaftsrahmen – »Mirabilia Verbani«, die Wunder des Lago Maggiore.

Die Fahrt von **Verbania* (s. S.17) um die Borromäische Bucht herum bietet immer wieder Ausblicke auf den See, der hier – an seiner breitesten Stelle – fast wie ein Meer wirkt. Nicht zu übersehen sind aber auch die Narben der mächtigen Steinbrüche an den bewaldeten Berghängen um die Toce-Mündung und am *Monte Camoscio* (890 m) oberhalb von

Barockes Theater auf der Isola Bella

*** Baveno** (205 m; 4500 Einw.), 12,5 km; sein rosafarbener Granit, der bis heute gebrochen wird, fand u. a. als Baumaterial für die Basilika San Paolo in Rom und die Galleria Vittorio Emanuele II. in Mailand Verwendung. Im Ort verdienen zwei Sakralbauten Beachtung: die romanische *Pfarrkirche* (11. Jh.; im 18. Jh. umgestaltet) und das benachbarte *Baptisterium,* ein achteckiger Renaissancebau, der im Kern vermutlich aufs 6. Jh. zurückgeht (im Innern Freskenreste des 15./16. Jhs.). Baveno hat als Kur- und Ferienort Tradition (radioaktive Thermalquelle; Trinkkuren); seine Gästeliste verzeichnet klangvolle Namen: Königin Viktoria, Kronprinz Friedrich, der spätere deutsche Kaiser, und Richard Wagner hielten sich hier auf. Von der Uferpromenade, vor allem aber von den höhergelegenen Ortsteilen bieten sich einmalige Ausblicke auf die

** Isole Borromee.

Die vier Inseln zwischen Baveno, Stresa und Pallanza sind so berühmt, daß man sich ihnen nur zögernd nähert. Die

Isola Bella galt bereits zur Barockzeit als sogenanntes Weltwunder, und selbst abgebrühte Globetrotter werden Alexandre Dumas zustimmen, der die Insel als »einen Ort unvergleichlichen Zaubers« empfand. Doch dieser Zauber stammt von Menschenhand; die Idee, dem felsigen Eiland die Form eines Schiffs zu geben, könnte von Walt Disney sein.

Vermutlich war es aber Antonio Crivelli aus Ponte Tresa, der um 1620 im Auftrag von Carlo Borromeo III. (und – wie man annehmen darf – vor allem dessen Gattin, Isabella d'Abba) mit der Umgestaltung der damaligen Isola Inferiore zum »Gesamtkunstwerk« begann. An der Planung des Palastes war auch der berühmte Carlo Fontana beteiligt. Der *Palazzo Borromeo* ist üppig ausgestattet; man kann u. a. den Napoleon-Saal (hier schlief der Korse 1797), den Gobelin-Saal, den Luca-Giordano-Saal (mit drei Gemälden des Neapolitaners) besichtigen, ferner die sog. »Grotten«, sechs mit maritimen Sujets (Muscheln,

Meerestiere) reich geschmückte Räume (◷ April–Oktober täglich 9–12 und 13.30–17.30 Uhr).

Doch den weit stärkeren Eindruck hinterläßt der *Park,* seine terrassenförmige Anlage ist ein Wunder barocker Gestaltungsfreude; da grünt und blüht eine exotisch-phantastische Vegetation, und dazwischen stolzieren – die Besuchermassen souverän ignorierend – weiße Pfauen umher: ein Märchen fast wie aus Tausendundeiner Nacht – wenn nur der ganze Souvenirkitsch nicht wäre.

Noch aufdringlicher wird das »Geschäft mit der Schönheit« auf der benachbarten Fischerinsel, der

Isola dei Pescatori, betrieben. Die Kulisse dieser Isola Superiore ist überaus malerisch, das Gedränge in den engen Gäßchen entsprechend, die Preise in den zahlreichen Fischlokalen wesentlich höher als die Qualität der angebotenen Speisen.

Eine paradiesische subtropische bis exotische Flora kann man auch auf der

Isola Madre, der größten der vier Inseln, bewundern. Sie ist seit 1501 im Besitz des Mailänder Grafengeschlechts der Borromeo. Zum üppig grünen Paradies wurde sie allerdings erst im 19. Jh., als Graf Vitaliano Borromeo sie nach Art englischer Gärten umgestalten ließ. Im *Palazzo Borromeo,* einem stilvollen Bau des 16. Jhs. mit feinem Interieur, ist eine Sammlung von Keramiken und Puppen zu besichtigen (◷ April bis Oktober täglich 9–12, 13.30–17.30 Uhr).

Die vierte Insel, die *Isola San Giovanni* vor dem Ostufer der Borromäischen Bucht, ist in Privatbesitz.

***Stresa** (203 m; 5000 Einw.), 17 km, im 19. Jh. einer der vornehmsten Kurorte Italiens, macht heute eher den Eindruck einer in die Jahre gekommenen »Grande Dame«. Noch strahlen die Hotelpaläste etwas vom Flair der »Belle Époque« aus, als das Westufer des Lago Maggiore gekrönte Häupter, berühmte Künstler und den Geldadel aus aller Welt anzog. Hemingway schrieb hier seinen erfolgreichen Roman »In einem andern Land«, der die dramatische Flucht aus dem Kriegsland Italien über den Lago Maggiore in die neutrale Schweiz schildert, natürlich nicht ohne – bei Hemingway stets gegenwärtig – Liebe und Tod.

Leider sind auch in Stresa die Nachteile unserer Zeit nicht zu übersehen, verstopfte Straßen, zugeparkte Gassen und Discolärm.

Zeitlos schön ist hingegen der Blick über den See vom *Lungolago,* der Uferpromenade. Im Blickfeld erscheinen die Isole Borromee, das gegenüberliegende Ufer seeaufwärts bis zum Monte Tamaro (1962 m).

Am Ortsausgang Richtung Arona liegt die **Villa Pallavicino* mit einem herrlichen Park, 16 000 m² groß samt angeschlossenem Tierpark – für groß und klein einen Besuch wert (◷ Mitte März bis Ende Oktober 9–18 Uhr).

Stresa hat nicht nur seinen See, sondern mit dem **Monte Mottarone* (1491 m) auch ein attraktives Hinterland. Der berühmte Aussichtsberg ist über eine zwar kurvenreiche, aber gut ausgebaute Mautstraße (21 km) oder mit der großen Seilschwebebahn erreichbar. Im Winter sind im Gipfelbereich die Skifahrer unterwegs.

Im Sommer ist das Bergland zwischen Lago Maggiore und Ortasee ein lohnendes Wanderrevier mit zahlreichen markierten Wegen, und sollte es einmal regnen, wartet in *Gignese* (707 m; 8 km), gleich am Ortseingang, das **Schirmmuseum* (»Museo dell'Ombrello«) mit vielen, teils sehr originellen Exponaten auf Besucher (◷ April bis September Di–So 10–12, 15–18 Uhr). Nördlich von Gignese bietet die Villensiedlung *Alpino* (768 m) nicht nur den Blick auf den See, im *Giardino Alpino* kann man über 2000 verschiedene Alpenpflanzen studieren (◷ April–September 9.30–18 Uhr).

❶ APT, Azienda di Promozione Turistica del Lago Maggiore, Via Principe Tomaso 70/72, I-28049 Stresa; ☎ 03 23/3 01 50.

🚂 Domodossola – Simplon, Mailand.

⛴ Borromäische Inseln, Uferorte, Rundfahrten.

🚡 Seilschwebebahn Monte Mottarone.

🏨🏨🏨L »Des Iles Borromées«. – 🏨🏨🏨 »Dino«, »Beau Rivage« (beide in Baveno), »Bristol«, »La Perla Nera« (beide in Stresa). – 🏨🏨 »Alpino«, »Rigoli« (beide in Baveno), »Ariston« (Stresa).

⛺ mehrere Plätze in Baveno und Feriolo (3 km nördlich).

Golfplatz (9 Löcher) in Vezzo (3 km südl.)

Veranstaltungen: »Settimane Musicale« (Musikalische Wochen) in Stresa (August/September).

Auf der Weiterfahrt am westlichen Seeufer entlang genießt man immer wieder schöne Ausblikke auf den See. *Belgirate* (200 m), 22 km, ist ein beliebter Ferienort; von *Lesa* (199 m; 2300 Einw.), 24,5 km, empfiehlt sich ein Abstecher in das *Vergante* genannte Hinterland; 4 km sind es bis *Massino Visconti* (465 m) mit seiner sehenswerten Pfarrkirche (prunkvoller Barockaltar und Fresken des 15. Jhs.), der alten Viscontiburg (12. Jh.) und der obligaten Sicht auf den Lago Maggiore.

Weit über den See schaut auch das Wahrzeichen von

Arona (212 m; 17 000 Einw.), 33,5 km, die berühmte *Statue von *Carlo Borromeo.* Über 20 m hoch (mit Sockel sogar 35 m), wurde sie bald nach der Heiligsprechung des Kardinals (1610) entworfen, aber erst 1697 fertiggestellt. Sie steht auf einer Anhöhe über dem Ort (Zufahrt); innen führt eine Treppe bis in den Kopf des San Carlone, durch dessen Augen man über den See bis ins Varesotto blickt.

Karl Borromäus (1538–1584), der berühmteste Sproß der Mailänder Adelsfamilie, wurde in Arona geboren. Von 1560 bis zu seinem Tod Kardinal und Erzbischof von Mailand, wirkte er zwar in der katholischen Reformbewegung, blieb aber stets ein entschiedener Gegner der Protestanten; er war mitverantwortlich dafür, daß es beim Konzil von Trient zu keiner Einigung kam. 1610 wurde er von Papst Paul V. heiliggesprochen. Im *Priesterseminar* (1620–1643) neben der Statue ist ein Gedenkzimmer mit zeitgenössischen Zeugnissen eingerichtet.

Arona ist uralter Kulturboden; bedeutende prähistorische Funde, u. a. aus der sogenannten »Golasecca-Kultur«, deren Anfänge ins 12. Jh. v. Chr. datiert werden, belegen eine weit zurückreichende Siedlungsgeschichte. Entsprechende Exponate aus Arona und seiner Umgebung präsentiert das *Museo Civico* beim Rathaus (Piazza De Filippi). Wohl seit dem 10. Jh. dürfte der Burgfelsen über der Stadt (Aussicht; kleiner Tierpark) befestigt gewesen sein; im ausgehenden Mittelalter wurde die Anlage dann stark ausgebaut. Napoleon ließ die »uneinnehmbare Feste, umgeben von fünf Mauerringen« schließlich schleifen.

Für Kunstfreunde sind die Kirchen von Arona eine Besichtigung wert: die Pfarrkirche *Santa Maria Nascente* im unteren Stadtteil bewahrt einen sehenswerten Flügelaltar (»Anbetung des Kindes«), signiert von Gaudenzio Ferrari (1511); *Santi Martiri* an der Piazza San Graziano ist im Kern romanisch, besitzt eine Barockfassade und einen klassizistisch gestalteten Innenraum (Madonna von Bergognone, 15. Jh.); die Kirche *Madonna di Piazza* an der Piazza del Popolo wird Pellegrino Tibaldi (1592) zugeschrieben.

🛈 Ufficio Turistico, Piazzale Duca d'Aosta, I-28041 Arona; ☎ 03 22/24 36 01.

🚂 Stresa, Sesto Calende.

🚌 Verbania, Lago d'Orta.

⛴ Uferorte, Rundfahrten.

🏨🏨🏨 »Atlantic«, »Giardino«. – 🏨🏨 »Goccia del Lago«. – 🏨 »Antico Gallo«.

⛺ »Lido«.

Veranstaltungen: Lago-Maggiore-Messe (Ende Mai).

Am Südende des Lago Maggiore liegt

Sesto Calende (198 m; 10 000 Einw.), 43 km, das Sextum Calendarum der Römer, als Industrieort von den meisten rasch durchfahren. Immerhin war die Gegend bereits lange vor Beginn unserer Zeitrechnung besiedelt, wovon man sich bei einem Besuch des *Archäologischen Stadtmuseums (Museo Civico)* überzeugen kann (🕓 Di–Sa 8.30–12, 15–17 Uhr, So 10–12, 15–19 Uhr). Besonders aufschlußreich sind Fundstücke der »Golasecca-Kultur« (so benannt nach einem Dorf, 4 km weiter südl.), vor allem die kostbaren Grabbeigaben aus dem 9. bis 6. vorchristlichen Jh.

Auf das 11. Jh. geht die Kirche *San Donato* an der Straße nach Angera zurück (im 17. Jh. verändert): im Kern romanisch, mit einer Vorhalle (9. Jh.) zwischen den drei asymmetrischen Schiffen; Krypta und Kapellen sind mit Fresken des 15./16. Jhs. geschmückt.

Daß man in der Nähe von Sesto Calende sogar weitgehend unberührte Natur erleben kann, ist angesichts der scheinbar ungezügelt wuchernden Industrieansiedlungen mehr als erstaunlich: im *Parco del Ticino.* Der Ticino (Tessin), der hier den Lago Maggiore verläßt, bildet in seinem weiteren Verlauf ein intaktes Biotop, Lebensraum für viele, andernorts längst bedrohte oder ausgerottete Tiere. In den Auen beiderseits des mäandernden Flusses, auf den Sanddünen und Inseln nisten unzählige Vögel, z. B. der Triel, die Flußseeschwalbe, die Zwergseeschwalbe, der Seidenreiher, der Rallenreiher und der Kuhreiher.

* Verbania – * Lago d'Orta – Arona (48 km)

Ganz im Schatten des Lago Maggiore steht der Lago Minore, der wesentlich kleinere **Orta-See* im Piemont. Der von den Römern Lacus Cusius genannte See (290 m) ist gut 13 km lang, durchschnittlich 1,5 km breit und mißt an seiner tiefsten Stelle 143 m. Ganz im Gegensatz zu der lieblichen Hügellandschaft, die ihn umgibt, stehen die markanten Bergketten des Valstrona und Val d'Ossola mit ihrem herb-alpinen Charakter.

Hauptsehenswürdigkeit am Seeufer ist * Orta San Giulio mit der vorgelagerten gleichnamigen * Insel und dem stimmungsvollen Sacro Monte, abwechslungsreiche Ausflugsziele in der Umgebung der aussichtsberühmte * Mottarone (vgl. Route 2) und das * Valstrona, geographisch bereits den Walliser Alpen zuzurechnen.

Lediglich ein größerer »Katzensprung« ist es auch von **Verbania* (s. S. 17) zum Ortasee; über das Industriestädtchen *Gravellona Toce* (in der Umgebung mehrere große Steinbrüche) erreicht man rasch *Omegna* (295 m; 20 000 Einw.), 18 km, und damit das Nordende des Sees. Industrie prägt hier das Landschaftsbild. Das von Westen mündende

*** Valstrona** zeigt noch heile Natur, ist zudem bekannt für seine handwerkliche Tradition (Spielzeug, Bestecke und Gefäße aus Holz). Das malerische Tal mit seinen Dörfern, die an steilen Hängen kleben, lädt zum Wandern und Bergsteigen ein (Straße bis Forno, 892 m; 15 km). Wer sich mehr für Handwerk und Geschichte interessiert, wird das kleine Museum in *Quarna Sotto* (796 m; 7 km ab Omegna) ansteuern; es präsentiert u. a. eine Sammlung von Blasinstrumenten.

Von Quarna Sopra aus besteigt man in etwa 1 ½ Std. den *Monte Mazzocone* (1424 m), dessen abgeflachter Rücken eine stimmungsvolle Aussicht auf den Ortasee und seine Umgebung bietet. Gut auszumachen ist am östlichen Ufer

*** Orta San Giulio** (294 m; 1200 Einw.), 28 km, mit seinem Inselchen San Giulio. Man parkt oberhalb des Ortes und steigt dann durch eines der engen, steilen Gäßchen hinab zum See und zur Piazza, dem Zentrum des Städtchens, das vorwiegend von Barockbauten des 17. und 18. Jhs. umrahmt wird. Eine Ausnahme macht der *Palazzo della Comunità,* ein Renaissancebau von 1582 mit offenen Arkaden im Erdgeschoß, Außentreppe und zierlichem Glockenturm. Blickfang ist das Eiland draußen im See, die

*** Isola di San Giulio, gerade 3 ha groß. Sie wird dominiert vom ehemaligen Bischofspalast und dem Campanile der **Basilica di San Giulio.* Die Kirche soll – so sagt die Legende – um 390 von einem später heiliggesprochenen Griechen namens Julius gegründet worden sein; das bestehende Gotteshaus ist im wesentlichen ein Bau der Romanik, der Innenraum allerdings ein Neben- und Durcheinander verschiedener Stile. Neben den zahlreichen Darstellungen des Heiligen, den man hier verehrte, geht das kostbarste Kunstwerk der Kirche fast unter: die romanische ***Kanzel* aus schwarzem Marmor (um 1140) ist noch vorzüglich erhalten (s. S. 8). Die Fresken stammen aus dem 14. bis 16. Jh. Die Reliquien des Heiligen werden in einem prunkvollen Silberschrein in der Krypta aufbewahrt.**

Ebenfalls einem Heiligen, dem hl. Franz von Assisi, ist der

Marmorkanzel in der Basilika von San Giulio

***Sacro Monte** von Orta geweiht. Nach dem Vorbild in Varallo (Val Sesia, 27 km von Omegna) wurde dieser Kapellenweg angelegt, und der Spaziergang hinauf zu dem abgeflachten Rücken, wo zwischen Buchen und Pinien ein Franziskanerkloster liegt, gewährt nicht nur prächtige Blikke auf den See und seine Insel; er ist durchaus ein Weg der Einkehr und Ruhe – wenn man ihn nicht gerade in Begleitung von Schulkindern zurücklegt.

Wie in Varese (s. S. 19) sind auch hier die Kapellen ausgemalt und mit Terrakottafiguren ausgestattet. Die insgesamt zwanzig Kapellen, die zwischen 1591 und 1788 entstanden, thematisieren auf sehr lebendige Weise Szenen aus dem Leben des hl. Franz und den Leidensweg Christi. Entworfen wurden die meisten Kapellen von einem Schüler Pellegrino Tibaldis, dem Kapuzinermönch Cleto; am Sacro Monte von Orta arbeiteten u. a. Proccacini, Morazzone (11. Kapelle, 1620) und die Gebrüder Nuvolone aus Lugano. Vom Sacro Monte hat man einen herrlichen Ausblick auf das Westufer des Ortasees. Auf einem Felsvorsprung sind die Umrisse der Wallfahrtskirche *Madonna del Sasso* (638 m; Straße ab Omegna, 17 km) zu erkennen, aufgrund ihrer exponierten Lage ein beliebtes Ausflugsziel (Kirche 18. Jh.). Der Abstecher läßt sich gut mit einer Seerundfahrt verbinden; wer sich für moderne Kunst interessiert, wird in *Ameno* (517 m; knapp 5 km südöstl. von Orta) die *Fondazione Calderara* besuchen. Sie zeigt 56 Werke des Malers Antonio Calderara (1903–1978) sowie Arbeiten von Zeitgenossen des Künstlers aus aller Welt (🕓 Mai-Oktober Di-So 10–12, 15–18 Uhr). Freunde alter Kunst statten der Pfarrkirche aus dem 12. Jh. in *Armeno* (523 m; 5 km) einen Besuch ab; sie wurde kürzlich restauriert. Zeitlos schön ist dann das Panorama vom **Monte Mottarone* (1491 m; 17 km ab Orta), weniger angenehm der Trubel an einem Schönwetterwochenende. Bei guter Fernsicht lohnt sich der Abstecher trotzdem, besonders wegen der Aussicht auf den weiten Alpenbogen. Überaus imposant die Walliser Alpen mit Monte Rosa (4634 m) und Dom (4545 m) als markanteste Viertausender; weiter rechts dann über den Lepontischen Alpen der hohe Firnsaum der Berner Alpen mit Jungfrau (4158 m) und Finsteraarhorn (4274 m); im Osten Bernina (4049 m) und Ortler (3905 m).

🛈 APT, Azienda di Promozione Turistica del Lago d'Orta, Via Olina 9/11, I-28016 Orta San Giulio, ☎ 0322/9 03 54.

🚗 Novara – Orta San Giulio – Omegna – Domodossola.

🚌 Valstrona, Quarna Sopra, Ameno, Armeno.

⛴ Uferorte; im Sommer Rundfahrten.

🚡 Skilifte am Monte Mottarone.

🏨L »San Rocco« (Orta San Giulio). – 🏨 »La Bussola« (Orta San Giulio), »Giardinetto« (Pettenasco). – 🏨 »Riviera« (Pettenasco), »Belvedere« (Quarna Sopra). – 🏨 »Leone« (Forno, Valstrona).

⛺ 3 Plätze in Orta San Giulio, 5 Plätze in Pettenasco.

Veranstaltungen: Ortafiore (Blumenschau im April), Festival cusiano di musica antica (Festival Alter Musik im Juni, in Orta San Giulio).

Vom Südufer des Sees kommt man über *Gozzano* (367 m; 9000 Einw.), 36 km, rasch nach

Arona (s. S. 32), 48 km.

Sesto Calende – Laveno – Luino – ** Locarno (83 km)

Das östliche lombardische Ufer des Lago Maggiore läßt Nobelorte wie Ascona oder Stresa vermissen; hier findet man keine Inselgärten, keine Parks wie etwa in Verbania. Reizlos ist das Ostufer aber keineswegs, eher ursprünglicher, weniger spektakulär. Noch bis hinauf nach Laveno ist das Hinterland flach, auch stark zersiedelt, weiter nördlich steigt das Seeufer an, nimmt alpinen Charakter an, ohne allerdings jenen mediterranen Hauch einzubüßen, der den unvergleichlichen Zauber des Lago Maggiore nun einmal ausmacht (Routenplan S. 29).

Angera (205 m; 5500 Einw.), 8,5 km von Sesto Calende (s. S. 32), dem südlichen Ausgangspunkt dieser Route entfernt, ist ein lebhaftes Städtchen, das in einer hübschen Bucht gegenüber von Arona liegt. Seine Hauptsehenswürdigkeit braucht man nicht lange zu suchen: Die **Rocca di Angera,* eine stolze Feste, deren markante Silhouette den Hügel hinter dem Ort krönt, schaut weit ins Land und über den See (🕒 Ende März-Oktober 9.30–12.30, 14–18 Uhr, Juli/August 9.30–12.30, 15–19 Uhr).

Die Burg steht auf uraltem Kulturboden; in einer nahegelegenen Höhle stieß man auf steinzeitliches Material und Spuren des Mithraskultes (1./2. Jh.). Östliche Mysterienkulte, darunter auch jener des persischen Lichtgottes Mithras, waren im Westen des Römischen Reichs zur Kaiserzeit stark verbreitet. Im kleinen *Archäologischen Museum* von Angera sind die prähistorischen und römischen Funde ausgestellt.

Vergleichsweise »jung« ist das Kastell, das im wesentlichen auf die Zeit der Torriani und Visconti (14. Jh.) zurückgeht. Beeindruckend sind die Ausmaße der Anlage, eindrucksvoll aber auch, was sich hinter den gewaltigen Mauern, vor denen man sich gar winzig vorkommt, verbirgt: Im weiträumigen Hof entdeckt man neben ein paar römischen Relikten eine Weinpresse (Torkel von 1745), stattliche 12 m lang, sowie allerlei Gerätschaften, die früher beim Weinbau Verwendung fanden. Das Schloß beherbergt eine *Puppensammlung;* unter den teilweise kostbar ausgestatteten Räumen sind die *Wandmalereien in der gotischen *Sala della Giustizia* besonders hervorzuheben, die den Sieg der Visconti über die Torriani zum Thema haben und von

Wandmalereien im Kastell von Angera

1314 stammen. Ende des 15. Jhs. kam die Rocca di Angera an die Borromäer; in der *Sala delle Ceremonie* sind besonders die Fresken zu bewundern, die ursprünglich den Mailänder Palazzo Borromeo schmückten. Einige der Malereien (1445) stammen von Michelino da Besozzo aus dem nahegelegenen Varese.

Die Stadt ist von dem mächtigen Bergfried aus allerdings nicht zu sehen, wohl aber ihr berühmter *Sacro Monte* (s. S. 20). Man versäume es also nicht, über steile Treppen den Turm zu erklimmen; neben einer weiten Aussicht bieten sich auch stimmungsvolle Blicke in den Schloßhof und auf den Zinnenkranz des Mauerrings.

ℹ Pro Loco, Piazza Garibaldi 14, I-21021 Angera; ☎ 0331/93 01 68.

⌂⌂⌂ »Dei Tigli« (garni). – ⌂⌂ »Lido«, »Pavone«. – ⌂ »Mignon«.
⛺ »Città di Angera«.

Nördlich der Burg erstreckt sich der *Colle San Quirico* (412 m), geeignetes Revier für kleine Spaziergänge; wer gerne mit dem Auto »wandert«, nimmt von Angera die Uferstraße Richtung *Ranco* (214 m). Im Rücken des San-Quirico-Hügels stößt man wieder auf die Hauptstraße, an der wenige Kilometer weiter nördlich der beschauliche Ort

Ispra (220 m; 5000 Einw.), 15 km, liegt, bekannt als Sitz des kernphysikalischen Forschungsinstituts »Euratom«. Nachbargemeinden landeinwärts sind Cadrezzate am Westufer des kleinen Lago di Monate und *Brebbia* (2,5 km), letzteres mit einer sehenswerten romanischen Kirche (Ende 12. Jh.; im Innern Fresken des 15./16. Jhs.). Über Travedona erreicht man rasch den Lago di Varese (s. Route 6).

4

Hinweistafeln an der Ostuferstraße signalisieren die nächste Sehenswürdigkeit am Weg nach Laveno unweit des kleinen Fleckens Reno (216 m), 25 km: die Wallfahrtsstätte

Santa Caterina del Sasso

***Santa Caterina del Sasso,** ein durch Lage, Geschichte und kunsthistorische Bedeutung außergewöhnlicher Platz, ursprünglich Einsiedelei, später dann Ziel zahlloser Pilger (und heute mindestens ebenso vieler Touristen). Die Überlieferung erzählt von einem reichen Kaufmann, der hier in Seenot geraten sein soll, worauf er gelobte, im Falle einer Rettung sein Vermögen zu verschenken und den Rest seines Lebens in Einsamkeit zu verbringen.

Am schönsten erlebt man die buchstäblich an den Steilhang geklebte Baugruppe – Kirche und Dominikanerklösterchen – vom See aus; von der Straße (Parkplatz) führt ein Treppenweg hinab zur Schiffsanlegestelle. Die mehrfach umgebaute und erweiterte *Katharinenkirche* (13.–17. Jh.) besaß eine wertvolle spätgotische Ausmalung; der kleine Kreuzgang des Klosters war mit Totentanzfresken geschmückt; die spärlichen Reste werden derzeit restauriert.

⛴ Uferorte.

Laveno (205 m; 9000 Einw.), 30 km. Von dem an einer kleinen Bucht direkt am Seeufer gelegenen Ort bietet sich ein schöner Blick auf den Borromäischen Golf, der über das Tal des Toce (Ossola) bis zu den Viertausendern der Mischabelgruppe (Dom, 4545 m) in den Walliser Alpen reicht. Im Rücken hat man ebenfalls einen Gipfel, einen vergleichsweise kleinen allerdings, den *Sasso del Ferro* (1062 m), bequem erreichbar mit einer Gondelbahn. Von der Bergstation am Poggio Santa Elsa (974 m) ist es zu Fuß nur noch ein »Katzensprung« zum höchsten Punkt (20 Min.) mit weitem Panorama (Monte Rosa, 4634 m).

Ein markierter Weg führt über die Sella delle Casere (749 m) hinab nach Laveno – eine lohnende Talwanderung (1,5 Std.).

Das Ortsbild von Laveno, dessen Gemeindegebiet auch die Ortsteile Mombello und Cerro umfaßt, wird heute stark von der Industrie geprägt. Auf eine weit über 100jährige Tradition kann dabei die Keramikindustrie zurückblicken; das Museum in *Cerro* (3 km), die *Civica Raccolta di Terraglia,* dokumentiert die Entwicklung dieser 1856 eingeführten Industrie von ihren Anfängen bis in die Gegenwart. *Col Nudo* (1235 m), Valcuvia und Arcumeggia, siehe Route 6.

ℹ Pro Loco, Municipio, I-21014 Laveno, ☎ 03 32/66 66 66.

Sesto Calende, Luino – Locarno, Varese.

Autofähre Laveno – Verbania. Uferorte, Rundfahrten.

»Bellevue«. – »Nuova Croce Bianca« (in Cerro). – »Europa«.

Hinter Laveno beginnt der »alpine« Abschnitt des Ostufers; das Gelände wird steiler, die Straße teilweise ziemlich schmal und kurvenreich; mehrfach verschwindet sie in Tunnel. Bald kommt das aus mehreren Ortsteilen bestehende *Castelveccana* (257 m) mit dem markanten, jäh zum See abfallenden Felsen der *Rocca di Caldè* (373 m) ins Blickfeld; dahinter der Gipfelkranz des Valle Veddasca mit Monte Paglione (1594 m), Monte Gambarogno (1734 m), Monte Tamaro (1962 m) und Monte Lema (1620 m). Auf dem Caldè-Felsen stand einst eine Burg, die aber bereits 1513 von den zum Lago Maggiore vorstoßenden Eidgenossen geschleift wurde. Vor

Porto Valtravaglia (199 m; 2500 Einw.), 38,5 km, das direkt am See liegt, bietet sich als (aussichtsreichere) Alternative zur Hauptstraße ein Weg »über die Dörfer« an – via Nasca, Musadino und Muceno nach *Brezzo di Bedero* (352 m). Über dem Ort erhebt sich die Kirche *San Vittore,* in Teilen (Seitenwände, Apsiden, Glockenturm) noch mit romanischem Bestand (12. Jh.). In etwa 2 Std. steigt man von Brezzo auf den *Monte Pian di Nave* (1058 m; Aussicht).

Luino (202 m; 16 000 Einw.), 46,5 km, liegt an der Mündung des Tresa- und Travaglia-Tals in den Lago Maggiore; das lebhafte Industriestädtchen gilt als wirtschaftliches Zentrum des lombardischen Seeufers. Hauptattraktion ist aber sein »Mercato«, der jeden Mittwoch stattfindet, viele Menschen (vor allem auch aus dem benachbarten Tessin) anlockt und regelmäßig für ein entsprechendes Verkehrschaos sorgt. Angeboten wird eigentlich alles, was man so brauchen kann, von Lederwaren über Haushaltsartikel bis zu Lebensmitteln: kurzum, es herrscht ein ziemlich turbulentes Treiben zwischen der Uferpromenade und der Piazza Garibaldi. (Wer in der Stadt einen Parkplatz finden will, muß am Mittwochmorgen schon sehr zeitig aus den Federn; andernfalls nimmt man besser den Bus oder das Schiff.)

Luino gilt als Geburtsort des Renaissancemalers *Bernardino Luini* (1490–1532); wer hier aber ein Hauptwerk des Da-Vinci-Nachfolgers (dessen Genie er nicht annähernd erreichte) sucht, wird enttäuscht werden. Lediglich die kleine Kirche *San Pietro in Campagna,* in Friedhofsnähe auf freiem Feld, bewahrt das Luini zugeschriebene Fresko einer »Anbetung der Könige«. Von den Umbauten des 17. und 18. Jhs blieb nur der romanische Glockenturm verschont. Luinis Schüler waren dagegen in der Kirche *Madonna del Carmine* (15. Jh.) tätig (Kapellenfresken, um 1640), die sich unweit der platanengeschmückten Uferpromenade erhebt. – Im *Museo Civico* (Viale Dante) sind neben einer kleinen Gemäldegalerie prähistorische Funde aus der Umgebung zu sehen.

Azienda Autonoma di Soggiorno e Turismo, Viale Dante Alighieri 6, I-21016 Luino, 0332/53 00 19.

Sesto Calende, Locarno.

Ponte Tresa, Agra, Valcuvia.

Uferorte, Rundfahrten.

»Camin«. – »Miralago«. – »Binda«, »Elvezia«.

Zum Hinterland von Luino gehört das *Valtravaglia* ebenso wie die Gegend um Dumenza und *Agra* (655 m; 10 km). Letzteres ist ein beliebter Ferienort in hübscher Lage über dem Eingang in das Val Veddasca. Für Wanderfreunde ist der **Monte Lema* (1620 m) auf der Grenze zum Tessin (Malcantone) ein lohnendes Ziel. Markierte Wege führen von Dumenza (411 m) und von Curiglia (6570 m) zum Gipfel; wer kurvenreiche Bergsträßchen nicht scheut, kann auch bis zum Rifugio Campiglio (1184 m) hinauffahren; zum Monte Lema hat man dann nur mehr 1 ½ Std. zu gehen. Das Panorama reicht im günstigsten (Wetter-)Fall vom Mont Viso (3841 m) in den Cottischen Alpen bis zur Bernina (4049 m); sehr stimmungsvoll ist die Aussicht auf den Luganer See und den Lago Maggiore. Genau westlich, an der Mündung des Veddasca-Tals, liegt der kleine Ferienort

Maccagno (216 m; 2500 Einw.), 52 km. Der manchmal recht wilde Gionabach trennt den oberen (superiore) vom älteren unteren (inferiore) Dorfteil. Der Flecken war über Jahrhunderte hin reichsunmittelbar, besaß das Münzrecht und eine eigene Gerichtsbarkeit; Privilegien, die auf Kaiser Otto I. zurückgehen sollen, der 962 auf seinem 2. Italienfeldzug bei dem Grafen Mandelli Gastfreundschaft genoß. Erst 1718 machten die Borromäer diesem Sonderstatus ein Ende.

»Italia«. – »Paradiso«.

»Lido«, »Park«.

4

Maccagno bietet – neben dem See – eine ganze Palette von Ausflugsmöglichkeiten. Eine ebenso aussichts- wie kurvenreiche Straße führt nördlich zum kleinen *Lago Delio* (930 m; 10 km), in dessen aufgestautem Gewässer sich die Tessiner Berge spiegeln. Vom Nordufer aus erklimmt man in einer ¾ Std. den Monte Borgna (1157 m). Lohnende Wanderziele sind natürlich auch die Gipfel um das malerische ✶*Val Veddasca,* dessen oberster Teil bereits zur Schweiz gehört. Und knapp jenseits der Grenze liegt

✶**Indemini** (939 m; 60 Einw.), 20 km von Maccagno auf der kurvigen Talstraße. Im letzten Jahrhundert zählte der Ort noch rund 500 Einwohner; heute ist das stark entvölkerte Bergnest mit seinen eng zusammenstehenden Häusern, die einheitlich mit Steinplatten gedeckt sind und südseitig meist Holzlauben besitzen, den schmalen Gäßchen und Durchgängen (»portici«) vor allem beliebtes Ausflugsziel. Daß durch die Entvölkerung der südlichen Alpentäler (im Tessin wie in Italien) eine erhaltenswerte Kultur verschwindet, dürfte angesichts der pittoresken Kulisse, die Indemini abgibt, vielen Besuchern nicht unbedingt bewußt werden.

Etwas außerhalb des Ortes steht die urkundlich 1505 erwähnte, im 19. Jh. umgebaute Pfarrkirche.

Von Indemini kann man über die Wasserscheide an der Corte di Neggia (1395 m) nach *Vira* (s. re. Sp.) weiterfahren (17 km) – ein richtiges Kurvenkarussell mit großartigen Ausblicken nach Norden, über die Magadino-Ebene hinweg auf Locarno, das Verzascatal und seine Bergumrahmung. Noch weit umfassender ist natürlich das Panorama vom Monte Gambarogno (1734 m) bzw. vom Monte Tamaro (1962 m), beide auf markierten Wegen von der Corte di Neggia aus erreichbar (1 bzw. 1¾ Std.). Vor allem der Tamaro gilt als einer der schönsten Aussichtsgipfel des Tessins; ein vielbegangener Kammweg führt südlich über den Monte Gradiccioli (1936 m) zum Monte Lema (1620 m; s. S. 37).

Hinter Zenna, 61 km, überquert man die Grenze zum Schweizer Kanton Tessin. Der anschließende oberste Abschnitt des Ostufers heißt *Gambarogno:* weniger mondän als die Locarneser Seite, auch nicht so stark verbaut. Schmucke Dörfer, Weinberge, Mischwälder und eine üppige südliche Vegetation bilden ein malerisches Ensemble vor der großen Kulisse des Lago Maggiore, über dem die Alpengipfel des Sopra Ceneri aufragen.

Ältestes Siedlungszentrum der Region ist

Vira (209 m; 600 Einw.), 69,5 km, wie eine hier gefundene Grabstelle (um 200 v. Chr.) belegt. Die Pfarrkirche San Pietro steht auf einer Terrasse unmittelbar am Ufer; ihre Gründung geht vermutlich auf das 6. oder 7. Jh. zurück, die heutige Gestalt erhielt sie aber erst zu Beginn des 19. Jhs. (vor den Chorstufen schöner ✶Renaissance-Taufstein von 1589).

Vira eignet sich wie die übrigen Gemeinden des Gambarogno (Magadino, Piazzogna, San Nazzaro, Gerra, San Abbondio, Caviano) gut für einen Ferienaufenthalt. Vor allem von den höhergelegenen Dörfern, etwa den von Weinbergen umgebenen Piazzogna und San Abbondio, genießt man den Ausblick auf das obere Lago-Maggiore-Becken.

ℹ Ente Turistico Gambarogno, CH-6574 Vira, ☎ 093/61 18 66.

Bellinzona, Luino.

Uferorte, Rundfahrten.

Locarno, Dirinella, Indemini.

»Touring Bellavista«, »Viralago« (beide in Vira). – »Consolina« (San Nazzaro). – »Dirinella« (Caviano), »Al Portico« (Gerra).

Veranstaltung: Internationales Musikfestival (Juni/Juli).

Magadino (199 m; 1100 Einw.), 71 km, liegt am oberen Ende des Lago Maggiore, unweit der Mündung des Ticino. Wahrzeichen des Ortes, der im Mittelalter als Hafen und Warenumschlagplatz bedeutend war, ist die weithin sichtbare Pfarrkirche, ein stattlicher spätklassizistischer Zentralbau (1847). Sie bewahrt mehrere bedeutende Kunstwerke, u. a. zwei Gemälde, die Bernardino Luini zugeschrieben werden (um 1512).

Oberhalb der Ticino- und Verzasca-Mündung erstreckt sich die *Magadino-Ebene (Piano di Magadino).* Einst als Sumpfland gemieden, ist sie durch die 1885 begonnene Flußkorrektur des Ticino in ein intensiv genutztes Agrargebiet verwandelt worden (Mais-, Gemüse-, Tabak-, Obstanbau). Lediglich im Mündungsbereich des kanalisierten Flusses blieb ein Stück unberührter Natur erhalten, die ✶*Bolle di Magadino.* Mit ihren Schilfgürteln, Altwassern, Teichen, Sümpfen und Auwäldern bildet dieses Naturschutzgebiet ein einzigartiges Biotop, das einer reichen Fauna und Flora als Lebensraum dient (zahlreiche seltene Vogelarten; Zugang über markierte Wege).

✶✶**Locarno** (s. S. 15), 83 km.

Luino – ** Luganer See – ** Lugano – Menaggio (74 km)

Zwischen dem Lago Maggiore im Westen und dem Comer See im Osten liegt noch ein drittes, wenn auch nicht ganz so großes, aber nicht minder berühmtes Gewässer: der ***Luganer See*** (271 m; Fläche 48,7 km², davon rund drei Viertel auf Tessiner Boden). Mit seiner kuriosen Form und den steilen, felsendurchsetzten Ufern erinnert er an den ebenfalls aus mehreren Becken zusammengesetzten Vierwaldstätter See, auch wenn ihm dessen hochalpine Kulisse fehlt. Ein gutes Bild von dem bizarren See bieten vor allem die Höhen rund um *Lugano;* richtig erleben kann man den »Ceresio«, wie die Einheimischen ihren See nennen, allerdings nur auf einer Schiffahrt.

Die »Drei-Seen-Route« führt von Luino zum Luganer See und über Lugano weiter zum Westufer des Comer Sees, wo sie in Menaggio endet. Der auf Schweizer Gebiet verlaufende Streckenabschnitt ist leicht verkürzt beschrieben; eine ausführliche Darstellung findet sich im Polyglott-Reiseführer »Tessin«.

Von *Luino* (s. S. 37) erreicht man, der *Tresa* aufwärts folgend, rasch den Grenzort

Ponte Tresa (275 m; 2000 Einw.), 12 km, der am Abfluß des Bachs aus dem Luganer See liegt und über eine Brücke mit der gleichnamigen Tessiner Gemeinde verbunden ist. Über dem kleinen Seebecken von Ponte Tresa erhebt sich der Monte Caslano (526 m), dahinter beginnt die sogenannte »Vareser Riviera«, der zu Italien gehörende Uferstreifen, der sich über Brusimpiano (290 m), 16 km, bis

Porto Ceresio (280 m; 2000 Einw.), 22 km, erstreckt. Der Ort liegt in der südlichsten Bucht des Ceresio; einen prächtigen Blick auf den See und das Fischerdorf genießt man vom Kirchlein *San Salvatore* (432 m), das eine felsige Anhöhe über Cuasso al Piano krönt (Zufahrt). Noch umfassender ist natürlich die Aussicht vom *Poncione d'Arzo* (1015 m), zu dem man von Porto Ceresio in etwa 2½ Std. aufsteigt. Auch von *Besano* (350 m; kleines Museum mit Fossilienfunden vom Poncione) führt ein markierter Weg (2¼ Std.) auf den Grenzberg.

⛴ Uferorte, Rundfahrten.

🏨🏨 »Al Lago« (Porto Ceresio), »Ai Pini« (Besano). – 🏨 »Edila«, »Piccolo Hotel« (beide Porto Ceresio).

⛺ »International« (Ponte Tresa).

Hinter Porto Ceresio überquert man die Grenze zum Schweizer Kanton Tessin. Die Uferstraße führt in einem Bogen um den Monte San Giorgio (1097 m) herum; am gegenüberliegenden Ufer zeichnen sich die eng aneinandergebauten Häuser Morcotes ab, über denen die Wallfahrtskirche Santa Maria del Sasso (s. S. 42) thront.

Riva San Vitale (273 m; 2000 Einw.), 32 km, ist ein stattlicher Ort mit bewegter Geschichte, berühmt durch das frühchristliche Baptisterium und die Kuppelkirche Santa Croce. Bereits in prähistorischer Zeit besiedelt, 774 als »Sobenno«

Santa Croce in Riva San Vitale

erstmals urkundlich genannt, war Riva San Vitale im Mittelalter Seestützpunkt Comos im Kampf gegen Mailand. Weithin sichtbar ist die mächtige Kuppel von ***Santa Croce.* Das Gotteshaus, eine der schönsten Renaissancekirchen der Schweiz, entstand 1588 bis 1592 unter dem Bauherrn Giovanni Antonio Piotto aus Vacallo im Mendrisiotto. Es steht zwar ganz in der Tradition stolzer Zentralbauten der Epoche (z. B. Todi, Montepulciano), nimmt aber mit der Fassade und dem stark betonten Chor bereits Elemente des Barock vorweg. Überwältigend ist die Raumwirkung: acht mächtige Säulen tragen das hohe, von einer Laterne bekrönte Gewölbe (schöner grotesker Freskenschmuck).

Ein einzigartiges Zeugnis aus frühchristlicher Zeit stellt das ***Baptisterium San Giovanni* neben der Pfarrkirche San Vitale dar. Der Zentralbau mit achteckiger Kuppel entstand um 500; er gilt als ältestes kirchliches Bauwerk der Schweiz und war ursprünglich mit einem überdeckten Umgang versehen (einige Dachkonsolen an der Westmauer sind noch erhalten). Vermutlich aus karolingischer Zeit stammt die mehrfach umgestaltete Ostapsis; die Freskenreste – eine Kreuzigung – werden auf die Zeit um 1000 datiert, die Malereien in den Nischen links und rechts der Apsis aufs 12./13. Jh. Teilweise erhalten blieb der kunstvoll verlegte Marmorboden; die achteckige »Piscina« im Boden diente ursprünglich der Taufe (durch Untertauchen), später wurde der Taufstein aufgestellt, ein mächtiger Monolith (Durchmesser 1,9 m).

Capolago (274 m; 600 Einw.), 33 km, das »Haupt des Sees«, am Südende des Lago di Lugano, war vor dem Bau der Gotthardbahn ein wichtiger Handelsumschlagplatz und bereits unter den Mailänder Visconti befestigt. Es ist Geburtsort des Architekten Carlo Maderna (1556–1628), der u. a. die Fassade des Petersdoms in Rom entwarf.

Lugano, Mendrisio – Chiasso – Como.

Lugano, Mendrisio, Riva San Vitale.

Uferorte.

Capolago ist Ausgangspunkt für eine Tour auf den ***Monte Generoso* (1701 m); bei günstiger Witterung reicht das Gipfelpanorama vom Mont Viso (3841 m) bis zur Bernina (4049 m). Seine artenreiche Flora zeigt sich im Frühsommer in schönster Blüte (Naturschutzgebiet). Die 1890 eröffnete (und zur Zeit wieder einmal von der Betriebseinstellung bedrohte) Zahnradbahn führt bei Höchststeigungen von 22 % bis knapp unter den Gipfel (Bergstation Generoso-Vetta 1601 m; Fußweg zum höchsten Punkt 20 Min.).

Südlich von Capolago liegt das *Mendrisiotto,* eine reizvolle Hügellandschaft, gelegentlich – und nicht ganz zu Unrecht – als Vorhof der Lombardei bezeichnet. Hauptort ist

Mendrisio (354 m; 7000 Einw.), 5 km, ein lebhaftes Städtchen, das sich trotz rücksichtsloser Bauaktivitäten im Zuge der Industrialisierung seinen malerischen alten Borgo (Stadtkern), mehrere sehenswerte Palazzi und Kirchen erhalten hat.

Weit über die Grenzen des Tessins hinaus berühmt sind die Osterprozessionen von Mendrisio, die mit naiver Freude am prunkenden, farbenprächtigen Aufzug in Szene gesetzt werden (Gründonnerstag, Karfreitag).

Der alte Stadtkern wird überragt von der Pfarrkirche *Santi Cosma e Damiano,* einem monumentalen Zentralbau des 19. Jhs. mit achteckiger Kuppel. Kunstgeschichtlich ungleich bedeutender ist das 1852 aufgehobene *Servitenkloster San Giovanni,* ein ausgedehnter, malerisch verschachtelter Gebäudekomplex, der sich um den Kreuzgang des 17./18. Jhs. gruppiert (kleines Kunstmuseum, Mi, Sa, So 14–18 Uhr). Die ehemalige Klosterkirche *San Giovanni Battista* wurde 1722–1738 an Stelle eines ins 16. Jh. zurückreichenden Vorgängerbaus errichtet. Ihr Inneres weist üppige Stukkaturen und zum Teil illusionistisch angelegte Gewölbemalereien auf.

Unter den historischen Profanbauten Mendrisios ist neben dem *Palazzo Torriani* (16.–18. Jh.), der zwei stimmungsvolle Innenhöfe umschließt, vor allem der *Palazzo Pollini* hervorzuheben, einer der großartigsten Barockpaläste des Tessins (1719–1721).

Nördlich des Städtchens, zwischen Autobahn und Gotthard-Bahnlinie, steht im freien Feld das Kirchlein *San Martino,* wohl das älteste Gotteshaus des Mendrisiotto, bereits 965 urkundlich erwähnt. Der bestehende romanische Bau aus dem 12./13. Jh. wurde über den Fundamenten dreier Vorgängerkirchen errichtet. Chor, Vorhalle und Sakristei stammen aus dem 17. Jh.

Veranstaltung: Alljährlich findet hier der Martinimarkt statt.

ℹ Ente Turistico del Mendrisiotto e Basso Ceresio; CH-6850 Mendrisio, ☎ 091/46 57 61.

🚌 Chiasso – Como, Lugano – Bellinzona.

🏠🏠 »Milano«, »Morgagna«. – 🏠 »Del Gallo«.

⛺ »Parco al Sole« (Meride, 8 km).

Am Westfuß des Generoso-Massivs liegen Melano (293 m) und *Maroggia* (273 m), 37 km, und auf einer Anhöhe über dem kleinen Tal der Sovaglia das schmucke Dörfchen *****Rovio* (495 m; 500 Einw.), das als »Soana« durch Gerhart Hauptmanns Novelle »Der Ketzer von Soana« in die Literaturgeschichte eingegangen ist. Der Platz gilt als uraltes Siedlungsgebiet; Sarkophage aus römischer Zeit werden heute als Brunnen genutzt, und an der Außenwand der Casa Conza findet sich ein Stein mit römischer Inschrift. Aus dem 18./19. Jh. stammt die Pfarrkirche in ihrer heutigen Gestalt; wesentlich älter dagegen ist die Kapelle *San Vigilio* in den Weinbergen westlich des Ortes. Der einschiffige romanische Bau mit halbrunder Apsis und offenem Dachstuhl dürfte in der ersten Hälfte des 11. Jhs. entstanden sein (Fresken 1. Hälfte 13. Jh.). Auf markiertem Weg besteigt man in 1½ Std. den Monte Sant' Agata (939 m; Aussicht).

🏠🏠 »Park-Hotel« (Rovio). – 🏠 »Taverna dei Pini« (Melano).

⛺ »Pedemonte«, »Paradiso« (beide in Melano).

Sowohl von Rovio als auch von Maroggia aus führen Straßen zum Bergdorf *Arogno* (586 m) im malerischen Valle Mara und weiter – über die schweizerisch-italienische Grenze – hinauf nach *Lanzo d'Intelvi* (907 m; vgl. S. 48). Den Abstecher wird man vor allem unternehmen, um die ***Sighignola* (1321 m), den schönsten Aussichtspunkt am Luganer See, aufzusuchen: Nach 5,5 km auf einer recht guten Straße von Lanzo verwöhnt der unvergleichliche Blick hinunter auf den See und die Bucht von Lugano, die einem unmittelbar gegenüberliegt. Bei

Bissone (273 m; 700 Einw.), 39 km, erreicht man den 1844 bis 1847 aufgeschütteten Seedamm, die *Ponte Diga,* auf der Autobahn, Straße und Eisenbahn den See an seiner schmalsten Stelle überqueren. Das bereits 735 als »Blikuni« erwähnte Fischerdorf ist Heimat berühmter Künstlerfamilien wie der Borromini, Maderna und Tencalla. Herausragender Meister war der Architekt und Baumeister *Francesco Borromini* (1599–1667), der große Konkurrent Gian Lorenzo Berninis in Rom. In Bissone sucht man vergebens nach einem Werk des Meisters; seine eigenwilligen Bauten beeinflußten aber die Architektur nördlich der Alpen ganz wesentlich, insbesondere auch den süddeutschen Spätbarock.

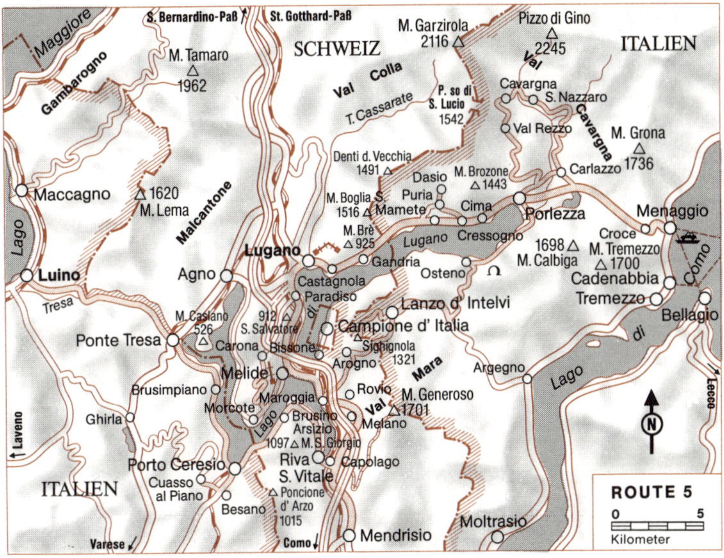

Etwa 2 km nördlich liegt eine italienische Enklave im Schweizer Kanton Tessin,

Campione d'Italia (280 m; 1800 Einw.), mit vielbesuchtem Casino und schönen Quaianlagen (Zollanschlußgebiet, keine Grenzformalitäten). Das rund 1 km² große Territorium, 777 der Abtei Sant'Ambrogio in Mailand geschenkt, verblieb rund ein Jahrtausend unter klösterlicher Hoheit. 1797 wurde das Dorf der Cisalpinischen Republik zugeschlagen und kam dann mit der Lombardei an Österreich. 1848 verlangte Campione vergeblich den Anschluß an die Schweiz; rund zehn Jahre später fiel es endgültig an Italien.

Weit weniger bekannt als Casino und Nightclubs ist die Wallfahrtskirche ** *Santa Maria dei Ghirli,* ein Kunstdenkmal von überregionaler Bedeutung. Im Kern gotisch, wurde sie im 17. Jh. barockisiert und seeseits mit einer als Triumphbogen gestalteten Vorhalle (1740) und monumentalem Treppenaufgang versehen. Sie bewahrt hervorragende Fresken aus verschiedenen Epochen: an der südlichen Außenwand ein »Jüngstes Gericht« (1400) von Franco de Veris und seinem Sohn Filippolo, im Schiff gotische Wandmalereien mit Szenen aus dem Leben Johannes des Täufers eines unbekannten Meisters des lombardischen Trecento; die Figuren lassen aber auch Einflüsse der Giotto-Schule (Toskana) erkennen. Den Chor schmücken Malereien von Isidoro Bianchi (1634).

Unmittelbar gegenüber von Bissone liegt

Melide (274 m; 1400 Einw.), 40 km, ein beliebter Ferienort. Seine Pfarrkirche besitzt ein prächtiges Renaissanceportal, signiert von Marsilio Fontana, einem Sproß der berühmten Baumeisterfamilie. Melides Attraktion ist aber die Modellanlage * *Swissminiatur* mit der wichtigsten Sehenswürdigkeiten der Schweiz (Ortschaften, Bauwerke u. a.) in 25facher Verkleinerung (🕓 von 9–19 Uhr; Juli/August bis 22 Uhr).

Eine Gondelbahn führt vom See hinauf nach **Carona* (599 m), einem malerischen Bergdorf mit sehenswerten Kirchen (lohnende Höhenwanderung nach Morcote, etwa 2 Std.).

5 km sind es von Melide nach

** **Morcote** (272 m; 700 Einw.), einem der beliebtesten Ausflugsziele am Ceresio. Obwohl früh vom Tourismus entdeckt, blieb der Ort von Bauspekulationen verschont und konnte so in seinem historischen Bestand weitgehend erhalten werden. Ortsbild und Umgebung verbinden sich hier in seltener Harmonie, was wiederum zu regelrechten Besucherinvasionen führt. Morcote, 926 als »burgus de Morcoe« urkundlich erwähnt, besaß bereits unter Mailänder Herrschaft gewisse Privilegien (z. B. Fischereirecht). Mit seinen schönen alten Häusern und den malerischen »portici« (Lauben) zeichnet es sich durch eine fast burgartige Geschlossenheit aus. Über eine 1718 angelegte Treppe (403 Stufen) steigt man hinauf zu dem terrassierten Friedhof und zur Pfarrkirche **Santa Maria del Sasso* (338 m). Das stattliche Gotteshaus mit freistehendem Campanile (1539) geht im Kern auf das 13. Jh. zurück, wurde aber nach 1462 und um die Mitte des 18. Jhs. umgestaltet. Im Innern schöne Renaissancefresken (16. Jh.).

🏨 »Olivella au Lac«. – 🏠 »Carina«.

** **Lugano** (273 m; 29 000 Einw.), 47 km, die größte Tessiner Stadt, umschließt mit ihren Vororten (Cassarate, Castagnola) und der Nachbargemeinde Paradiso die weite, halbkreisförmige Bucht des Luganer Sees zwischen dem **Monte Brè* (925 m; Standseilbahn von Cassarate) im Osten und dem **San Salvatore* (912 m; Standseilbahn von Paradiso) im Süden. Die unvergleichliche Schönheit dieser Landschaftskulisse und das milde, sonnige Klima, in dem eine reiche, subtropische Vegetation gedeiht, haben den Ruf Luganos als ein weit über die Grenzen der Schweiz hinaus bekanntes Reiseziel begründet. Die weltoffene, in ihrem Habitus sehr südliche Stadt darf sich aber nicht nur rühmen, ein Touristenort par excellence zu sein; sie ist auch kulturelles und wirtschaftliches Zentrum der Südschweiz. Das rasante Wachstum der letzten Jahrzehnte hat allerdings auch zu Fehlentwicklungen geführt, die Spuren im Stadtbild, am Monte Brè oder im historischen Ortskern hinterließen.

Die Gegend war, wie Funde belegen, schon in vorrömischer Zeit besiedelt. Eine erste urkundliche Erwähnung als »Luano« geht auf das Jahr 818 zurück. Im Mittelalter sah sich Lugano auch häufig in die Machtkämpfe zwischen Mailand und Como verstrickt; nach der Eroberung des Sotto Ceneri (Südtessin) durch die Schweiz wurde es eine Gemeine Vogtei. 1803 bis 1878 war Lugano alternierend mit Bellinzona und Locarno Hauptort des Kantons Tessin.

Günstiger Ausgangspunkt für einen Stadtrundgang ist die *Piazza della Riforma,* eine großzügige Platzanlage, umgeben von repräsentativen Bauten des 19. Jhs. Mit ihren Straßencafés ist sie Treffpunkt für jung und alt.

An der Südseite der Piazza erhebt sich das

Municipio [1], das stattliche freistehende Rathaus mit schönem Innenhof (1844/45). Auf der Seeseite schließen zwei weitere Plätze an: die *Piazza Rezzonico* und die *Piazza Manzoni,* beide mit Brunnen (19. Jh.). Südlich und östlich führen die berühmten Uferpromenaden hinaus nach Paradiso bzw. zum Stadtpark. Landeinwärts, unter den zum Bahnhof ansteigenden Hängen, erstreckt sich der alte, größtenteils vom Autoverkehr befreite Stadtkern. Hier hat sich noch einiges an historischer Bausubstanz erhalten. Weitgehend intakt ist die *Via Pessina* mit ihren malerischen Lauben und der typischen Straßenpflasterung, wogegen die südlich anschließende *Via Nassa* als mondäne Einkaufsstraße ihr ursprüngliches Ambiente eher eingebüßt hat (Kirche *San Carlo Borromeo,* 17. Jh.). Sie mündet auf die *Piazza B. Luini,* an der das kulturhistorisch bedeutendste Gotteshaus der Stadt steht: ***Santa Maria degli Angioli* [2]. Der 1515 geweihte schlichte Bau gehörte zu einem 1848 aufgelösten Franziskanerkloster; er birgt das berühmteste ** Renaissancewandbild der Schweiz. Das monumentale Fresko zeigt in detaillierter Darstellung die Passion Christi, ein Hauptwerk von Bernardino Luini (1519; s. S. 37). Der gleiche Künstler schuf auch das in drei Teilen abgelöste Abendmahlfresko (jetzt an der Südwand) und das liebliche Madonnenbild in der hintersten Kapelle; bei beiden Arbeiten ist der Einfluß Leonardo da Vincis unverkennbar.

Über der Altstadt, auf einer Anhöhe mit hübscher Sicht auf den See (Treppenweg), thront die **Kathedrale San Lorenzo* [3]. Urkundlich als Pfarrkirche bereits 818 erwähnt, geht ihre Bausubstanz auf eine romanische Pfeilerbasilika zurück, die im 13./14. Jh. eingewölbt und erweitert wurde, im 17./18. Jh. nochmals Veränderungen erfuhr (Seitenkapellen) und auch eine neue Ausstattung erhielt. Einzigartig ist die kulissenartig vorgeblendete **Schaufassade* mit den drei Portalen, reichem Figurenschmuck und einem Radfenster. Sie gilt als eines der besten lombardischen Renaissancewerke im Tessin (1500–1517; Rosette nach 1578).

Nicht unerwähnt bleiben sollen die Museen der Stadt: das *Museo Cantonale d'Arte* [4] im Palazzo Reali an der Via Cavona 10, vor allem mit Werken von Tessiner Künstlern des 19./20. Jhs. (◷ Mi–Sa 10–12, 14–18 Uhr, Di und So 14–18 Uhr), das *Museo Civico di Belle Arti* in der klassizistischen *Villa Ciani* [5] am Rand des schönen Stadtparks (Pinakothek, Wechselausstellungen; ◷ Di–So 10–12, 14–18 Uhr) und das *Museo Cantonale di Storia naturale* [6].

Zwei interessante Museen gibt es auch im Villenvorort *Castagnola* zu besichtigen: Die Villa Helenum beherbergt eine Sammlung von Exponaten aus Ozeanien, Indonesien und Afrika (Museo delle Culture Extraeuropee; ◷ Di–So 10–17 Uhr).

Eine allererste Adresse für Kunstfreunde war bis vor kurzem die *Villa Favorita* (Castagnola) mit der einzigartigen Gemäldesammlung Thyssen-

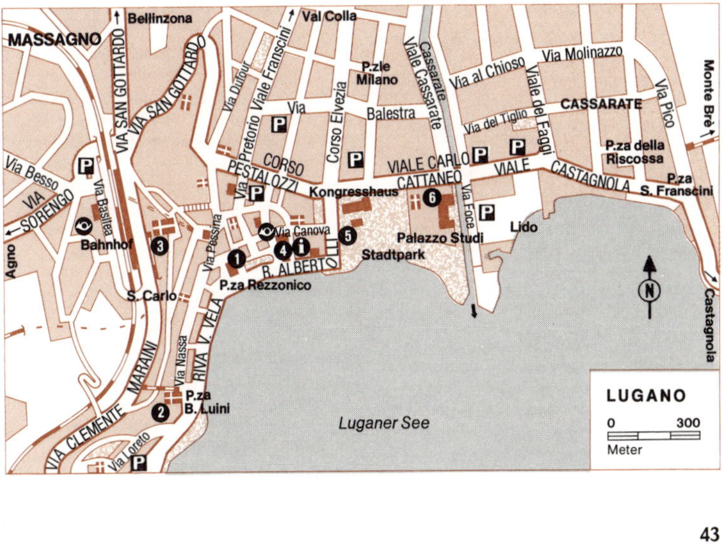

Bornemisza. Sie wird z. Zt. nach Madrid verlegt; nach Wiedereröffnung – voraussichtlich im April 1993 – werden in der Villa Favorita Werke amerikanischer und europäischer Künstler des 19. und 20. Jhs. zu sehen sein.

🛈 Ente Turistico Lugano e dintorni, Riva Albertolli 5, CH-6901 Lugano, ☎ 091/21 46 64.

✈ Lugano-Agno: Linienflüge nach Bern, Basel, Zürich, Rundflüge.

🚂 Bellinzona – Gotthard, Mendrisio – Chiasso – Como, Agno – Ponte Tresa.

🚌 Orte der Umgebung; Luino, Varese, Menaggio.

⛴ Uferorte, Rundfahrten (Juni bis September auch abends).

🏨L »Eden Grand Hotel«. – 🏨 »Meister«, »Christina«. – 🏨 »Aurora«, »Nassa« (garni). ⛺ Figino, Crocifisso. – ⛺ in Agno, Cureglio, Caslano, Agnuzzo, Noranco.

Veranstaltungen: Carnevale mit Risottoessen (Februar oder März); Seenachtsfest mit Feuerwerk (Ende Juli), Winzerfest (Oktober); Artecasa (Herbstmesse »Kunst und Haus«, Anf. Oktober).

Von Lugano kommt man über Agno zum Grenzort *Ponte Tresa* (10 km; s. S. 39).

5

Die Weiterfahrt von Lugano nach Porlezza verläuft hinter Castagnola hoch am Steilufer des Ceresio-Ostarms mit schönen Ausblicken auf den See und das Sighignola-Massiv. Dabei kann man

***Gandria** (290 m; 220 Einw.), 52 km, leicht übersehen, liegt der vielbesuchte Ort doch unterhalb der Straße. Mit seinen eng ineinander verschachtelten Häusern, die sich an den felsigen Steilhang schmiegen, bietet das Fischerdörfchen ein überaus malerisches Bild, vor allem vom See aus. Zu Fuß erreicht man es von Castagnola auch über einen von subtropischer Vegetation gesäumten Pfad (¾ Std.). Am gegenüberliegenden Ufer liegt die Schiffsanlegestelle *Cantine di Gandria.* Einen kurzen Besuch verdient hier das originelle *Museo Doganale* (Zollmuseum), das eine Palette von teilweise recht ausgefallenen Schmuggelwaren zeigt (🕓 Ostern bis Mitte Oktober täglich 13.30–17.30 Uhr).

Hinter Gandria überquert man die Grenze zu Italien. Beim Weiler *San Mamete* (277 m), 57 km, mündet das malerische **Valsolda,* ein von steilen Dolomitfelsen (Denti della Vecchia, 1491 m; Monte dei Pizzoni, 1289 m) umstandenes Tal mit guten Wander- und Klettermöglichkeiten (Straße bis Dasio, 580 m, dem höchstgelegenen Weiler der Gemeinde Valsolda, 6 km). Der Flecken *Puria* (504 m) ist Heimat des bedeutendsten lombardischen Renaissance-Baumeisters und Malers Pellegrino Tibaldi (1527–1596), der zwar am Lago Maggiore, am Comer See, in Rom und Mailand wirkte, aber erst bei Philipp II. in Madrid Karriere machte. In Val Solda lebte auch der italienische Schriftsteller Antonio Fogazzaro, dessen Romanze »Piccolo Mondo Antico« hier angesiedelt ist. Die »kleine Welt« ist auch für Bergsteiger attraktiv; lohnende Wege führen auf die *Denti della Vecchia* (2½ Std. von Castello), auf den *Monte Boglia* (1516 m; 3 Std.) und zum *Monte Bronzone* (1434 m; 2¼ Std. von Dasio).

Die Berg-Seen-Landschaft bildet auch den stimmungsvollen Hintergrund zum **Santuario della Madonna della Caravina,* einem reizenden Barockbau (1663), der zwischen Cressogno und Cima oberhalb der Staatsstraße steht. Bei

Porlezza (275 m; 3800 Einw.), 63 km, ist das Ostende des Luganer Sees erreicht. Das römische »portus Raetia« ist vermutlich prähistorischen Ursprungs. Das Fischerstädtchen war – wie so mancher Ort zwischen dem Lago Maggiore und dem Comer See – Heimat mehrerer Künstlerfamilien, so der Sanmichele und der Della Porta. Guglielmo della Porta war ein Schüler Michelangelos und nach dessen Tod 1564 am Bau des Petersdoms maßgeblich beteiligt (Kuppel).

In Porlezza selbst sucht man bedeutende Kunstdenkmäler vergebens; neben der Pfarrkirche *San Vittore* (17. Jh. mit Freskenschmuck) verdient allenfalls noch der romanische *Campanile* der zerstörten Kirche *San Maurizio* Erwähnung. Weit außerhalb des Ortes, am Fuß des Monte Calbiga (1698 m), markiert er jenen Platz, an dem der Überlieferung nach das alte Porlezza vor seiner Zerstörung durch einen Bergsturz lag. Bei Ausgrabungen stieß man auf die Spuren einer frühmittelalterlichen Siedlung.

Vielfältig sind die Ausflugsmöglichkeiten von Porlezza. An erster Stelle ist *Osteno* (278 m; 6 km) am Südufer des Luganer Sees zu erwähnen, mit einer malerischen Klamm, dem *Orrido* und sehenswerter Kirche (reizende Madonnenstatue von Andrea Bregno, 1464). Auf halbem Weg zwischen Porlezza und Osteno führt die Straße am Eingang zu den *Grotte di Rescia,* einer kleinen Tropfsteinhöhle, vorbei; sie setzt sich durch das Valle d'Osteno bergwärts zum Hochplateau von Intelvi fort (14 km; s. S. 48).

Das eigentliche »Hinterland« von Porlezza liegt im Norden: das *Val Rezzo* und das * *Val Cavargna,* eine malerische Bergregion mit einigen hübschen Dörfern, prächtigen Kastanienhainen und Buchenwäldern, einer üppigen, artenreichen Flora und vielen Wandermöglichkeiten. Eine gut ausgebaute Straße verbindet Porlezza mit beiden Talgemeinden; auf einer Rundfahrt von 30 km bietet sie reizvolle Ausblicke, dem aufmerksamen Beobachter aber auch eine Vorstellung von den Problemen vieler Südalpentäler: aufgegebene Almen, Abwanderung der Jugend. (*Talmuseum* in Cavargna; ◷ Sonntagnachmittag.)

Markierte Wege führen u. a. von Buggiolo (1035 m) zum *Passo di San Lucio* (1542 m; knapp 2 Std.), einem uralten Übergang ins Tessiner Val Colla, weiter am Grenzkamm entlang auf den *Monte Garzirola* (2116 m; 2 Std. ab San Lucio), der bekannt ist für sein prächtiges, weitreichendes Panorama.

✈. – 🚌 Menaggio, Lugano.

⛴ Lugano, Rundfahrten.

🏨🏨🏨 »Europa«. – 🏨🏨 »Regina«. – 🏨 »Franca« (Cavargna), »Bralla« (San Nazzaro).

⛺ »International Sport«, »La Sbianca«.

Die Straße nach Menaggio führt am kleinen, seichten *Lago di Piano* (276 m) vorbei (maximale Tiefe 5 m), der einst Teil des Luganer Sees war. Über den Weinbergen von Carlazzo (481 m) taucht links der hohe, felsige Grat des Monte Grona (1736 m) auf, zur Rechten hat man die weit hinauf bewaldete Nordflanke des Monte Tremezzo (1700 m). Beim Weiler *Croce* (392 m) beginnt der kurvenreiche Abstieg zum Westufer des Comer Sees mit prächtiger Aussicht auf Bellagio und die Berge um die Valsassina.

Einen noch weit schöneren Blick über den See und seine Gebirgskulisse bietet die *Crocetta a Specchi* (505 m), von Croce aus rasch zu erreichen; in etwa 1 ½ Std. besteigt man den *Sasso di San Martino* (862 m) mit noch größerem Panorama, das nach Nordosten bis zu den Bergeller Granitgipfeln reicht.

Menaggio (s. Route 7), 75 km.

Route 6

Laveno – Varese – * Como (48 km)

Wie die Route 9 ist auch diese Strecke vor allem als Verbindung zwischen den Seen bzw. Seearmen gedacht; man benützt sie, um etwa vom östlichen Ufer des Lago Maggiore zum Luganer See oder zum Comer See zu kommen. Die eigentlichen Ziele liegen ja ohnehin an den Gestaden dieser vielbesuchten Seen; kaum jemand wird in die Lombardei reisen, um gerade das *Varesotto* kennenzulernen. Dabei gibt es zwischen dem Mendrisiotto, diesem südlichsten Zipfel des Tessins, und dem Ostufer des Lago Maggiore durchaus Sehenswertes, mehr versteckt als berühmt allerdings: der reizvolle Lago di Varese, eingebettet in eine vom Gletschereis modellierte freundliche Hügellandschaft; die Provinzhauptstadt Varese mit ihrem großartigen Sacro Monte; einige bedeutende Kulturstätten wie beispielsweise Castelseprio; schöne Aussichtsberge und ein Dorf, das zur originellen Gemäldegalerie geworden ist (Arcumeggia).

Die erste Gelegenheit zu einem lohnenden Seitensprung ergibt sich bereits wenige Kilometer hinter *Laveno* (s. S. 36), in *Cittiglio* (267 m), das am Eingang zum Valcuvia liegt: der *Monte Nudo,* 1235 m hoch und – sein Name verrät es – oben kahl, ist ein herrlicher Aussichtsgipfel. Ein schmales, aber gut befahrbares Serpentinensträßchen überquert den Bergstock zur Paßhöhe von Sant'Antonio (657 m; 15 km); sein Scheitelpunkt, nur wenig unterhalb des Monte la Tegia (1106m), liegt bereits angenehm hoch (was man besonders im Sommer zu schätzen weiß). Zum Gipfel geht man in knapp 1 Std. – wenig Aufwand für ein grandioses Panorama, das den Lago Maggiore fast in seiner gesamten Länge, von Brissago bis Arona, umfaßt; dahinter spannt sich der weite Alpenbogen.

Von Sant' Antonio kann man südlich ins *Valcuvia* hinabfahren; an der Strecke liegt

* **Arcumeggia** (570 m), das auf jeden Fall einen Besuch lohnt, ist es doch so etwas wie ein Frei-

lichtmuseum, ein ungewöhnliches allerdings. An den Fassaden der (heute teilweise unbewohnten) Häuser versuchten sich zeitgenössische italienische Künstler wie Remo Brindisi, Aligi Sassu, Gianfranco Usellini, Achille Funi, Sante Monachesi, Giuseppe Migneco, Giuseppe Montanari, Cristoforo de Amicis und andere als Freskenmaler: eine uralte Technik sollte wiederbelebt werden. Das (durchaus originelle) Ergebnis kann jedermann besichtigen (über 170 Bilder).

Zu sehen gibt es im Valcuvia noch weit mehr: in *Casalzuigno* die Villa Bozzolo, im Kern aus dem 16. Jh., mit ihrem kunstvoll angelegten Garten, in *Cuveglio* den schönen romanischen Turm der Kirche San Lorenzo, dann die Ruinen einer Sforza-Burg (15. Jh.), die über *Orino* (442 m) am Nordhang des Monte Campo dei Fiori (1226 m) stehen. Wer in den Genuß eines einmaligen Ausblicks kommen will, folgt in Cuveglio dem Hinweis »San Martino«: 7 km steil bergauf über Duno bis zur Bergkuppe (1087 m; Partisanendenkmal) hoch über dem Lago Maggiore. An klaren Tagen reicht die Sicht bis zu den firnbedeckten Drei- und Viertausendern der Schweizer Hochalpen.

»La Bussola« (in Cittiglio). – »Joli« (Cuveglio). – »Cristallo« (in Cittiglio), »Corona« (in Cuvio).

Über *Gemonio* (278 m), dessen romanische Kirche San Pietro (am Ortsausgang) Fresken aus dem 14.–16. Jh. bewahrt, erreicht man rasch

Gavirate (283 m; 8000 Einw.), 11,5 km, in hübscher Lage am Westufer des *Lago di Varese* (238 m). Der 8,5 km lange, bis 4 km breite See ist recht seicht (max. Tiefe 26 m), seine Ufer entsprechend sumpfig (was immerhin eine Verbauung weitgehend verhindert hat). Siedlungen gibt es rund um den See, auch viele Villen, zum Teil mit schönen Parks; in den Hügeln am Fuß des Monte Campo dei Fiori, vor allem um Comerio (382 m) und Barasso, aber auch im Süden des Sees wird Wein angebaut.

Südwestlich des Lago di Varese liegen zwei weitere, allerdings kleinere Seen: der *Lago di Comabbio* (243 m) und der *Lago di Monate* (266 m); ein dritter, der *Lago di Biandronno,* ist fast ganz verlandet. Die Seeufer waren bereits in prähistorischer Zeit besiedelt; sowohl am Lago di Varese als auch am Lago di Monate wurden Reste von Pfahlbausiedlungen entdeckt. Einiges von dem reichen Fundmaterial kann man auf dem winzigen *Isolino Virgina* im Lago di Varese, unweit von Biandronno vor dem Westufer, besichtigen (*Museo Preistorico;* geöffnet Juni bis September Do–So 15–18 Uhr; Fähre). Weiteres ist in den Museen von Varese, Como und Mailand ausgestellt.

Pro Loco, Piazza G. Matteotti, I-21026 Gavirate, 03 32/74 31 08.

»Villa la Motta« (Travedona). – »Lido« (Gavirate), »Moncucco« (Travedona).

»Lido« (Gavirate), »Lago di Monate« (Comabbio).

Kunstliebhaber entdecken rund um den Lago di Varese Sehenswertes, z. B. in *Voltorre* (2 km von

Gavirate) neben der Pfarrkirche San Michele einen romanischen * Kreuzgang (um 1200), der zu einem Cluniazenserkloster gehörte, oder die Kirche Santa Maria della Neve in *Travedona* (7 km südwestlich von Gavirate am Lago di Monate). In

Varese, 21,5 km, (s. S. 19) ist der Besuch des großartigen Sacro Monte (s. S. 20) fast ein Muß.

Wer weiter zum Comer See will, nimmt die SS 342 über Malnate und Oligate Comasco: vielbefahren, bietet sie wenig Erfreuliches fürs Auge, mehr Supermercati als alte Bausubstanz. Da sehnt man sich gelegentlich nach der »guten alten Zeit«, als noch Kutschen die erlauchten Gesellschaften in ihre Sommerresidenzen brachten. In der *Villa Rachele-Ogliari* in *Malnate* (355 m), 26,5 km, kann man angesichts schmucker Kutschen, origineller Hochräder und alter Dampfloks leicht in nostalgische Träume verfallen.

* **Como** (s. S. 21), 48 km.

Route 7

* Como – Menaggio – * Gravedona – Colico (67 km)

Als »italienischen Fjord« könnte man ihn bezeichnen: langgestreckt, schlank liegt er zwischen seinen steilen Ufern, der ** *Comer See.* Im Gegensatz zum Lago Maggiore greift er aber nicht in die Ebene hinaus; er ist ein Alpensee, trotz mediterraner Vegetation, trotz südländisch-barocker Villen und Gärten. Aber gerade dieser Kontrast macht den besonderen Reiz des auch »Lario« genannten Sees aus, den viele als schönsten unter den oberitalienischen Seen bezeichnen – ein Superlativ, über den sich streiten läßt.

Mit einer Fläche von 146 km² ist er zwar nur der drittgrößte See Oberitaliens, mit 410 m aber der tiefste Binnensee Europas. Er ist etwa 50 km lang und maximal 4,4 km breit. Sein Seespiegel liegt bei 199 m. Recht ungewöhnlich ist seine Form, die an ein kopfstehendes Y erinnert. Hauptzuflüsse des Comer Sees sind die Mera, die aus dem Bergell herabkommt, und die Adda, deren Quellbäche in der Bernina, im Ortlermassiv und an der Nordflanke der Bergamasker Alpen liegen; sie verläßt den See bei Lecco und mündet schließlich unweit von Cremona in den Po.

Die hohen, schroffen Gipfel stehen östlich des Lago di Como (s. Routen 10 und 11), doch auch das westliche Seeufer hat ein reizvolles Hinterland. Es ist weniger alpin als das östliche mit den Grigne; kein Kletterrevier, dafür aber ein prächtiges Wandergebiet. Und wer neben Natur- auch Kunstinteresse mitbringt, der wird sich im *Intelvital* (s. S. 48) wohlfühlen. Seit einigen Jahren besteht ein durchgehend markierter Höhenweg, die *Via dei Monti Lariana*, von Cernobbio bis Sorico, rund 130 km lang, ab Croce (oberhalb von Menaggio) sogar mit einer Variante, der *Alta via del Lario* – Erlebnispfade für Weitwanderer zwischen Tal und Gipfel.

Die Fahrt von * *Como* (s. S. 21) seeaufwärts führt zunächst nach *Cernobbio* (s. S. 24), wo die *Villa d'Este* den Reigen berühmter Ansitze am Westufer des Lario eröffnet. In

Moltrasio (247 m; 2000 Einw.), 8,5 km, das wie die folgenden Dörfer von der modern ausgebauten Staatsstraße 340 bergseits umgangen wird, entdeckt man mehrere Villen des 17.–19. Jhs., teils mit schönen Gärten, teilweise aber auch mit beachtlicher »chronique scandaleuse«: Vincenzo Bellini soll sich in der *Villa Salterio-Salti* (heute Erker-Hocevar) nicht nur seinen Kompositionen, sondern auch der attraktiven, aber verheirateten Besitzerin des Anwesens, Giuditta Turina Cantù, gewidmet haben.

Im benachbarten *Carate* wird man den kurzen Aufstieg zum Kirchlein *Santa Maria* aus dem 11. Jh. nicht bereuen. Außer dem wunderbaren Seeblick kann man den schönen romanischen Campanile und die Fresken aus dem 15. Jh. im Kircheninnern genießen.

In dem schmalen Uferort *Brienno* (202 m) wurden früher in der kleinen Pfarrkirche *Santi Nazarie Celso* Erinnerungsstücke an Kaiser Friedrich Barbarossa wie Reliquien verehrt, verdanken ihm die Comasker doch die Zerstörung des Erzfeindes Mailand im Jahr 1162.

6

7

Argegno (210 m; 800 Einw.), 20 km, ist Ausgangspunkt für einen Abstecher ins Intelvital.

***Valle d'Intelvi (bis Lanzo 15 km). Das Intelvi-Hochtal, eingebettet zwischen der Sighignola (1321 m) im Westen, dem Monte Costone (1441 m) im Osten und dem Sasso Gordona (1410 m) im Süden, ist landschaftlich besonders reizvoll, berühmt vor allem als Heimat vieler Baumeister, Steinmetze, Stukkateure und Maler. Die »Maestri Antelami« (so genannt nach dem alten Namen der Talgemeinde) prägten nicht nur über Jahrhunderte den lombardischen Baustil, sie waren auch in anderen Ländern tätig, in Deutschland, Österreich, Südfrankreich, ja sogar im Nahen Osten und in Rußland. Unter den zahlreichen Künstlerfamilien seien nur ein paar herausragende Namen erwähnt: Benedetto Antelami gestaltete im frühen 13. Jh. das Baptisterium von Parma; Lorenzo degli Spiazzi wirkte Ende des 14. Jhs. als Baumeister an den Domen von Mailand und Como; Carlo Carlone gilt als Schöpfer großartiger Freskenzyklen in Einsiedeln, Schloß Ansbach und in Wien.**

Natürlich haben die »Maestri« auch in ihrer Heimat Spuren hinterlassen. So entdeckt man in der Pfarrkirche von *Scaria* (761 m; kleines Heimatmuseum) prächtige Stukkaturen von Diego Carlone und Fresken von der Hand des Carlo Carlone; ein früher Intelveser unbekannten Namens schuf die romanische Saalkirche Sant'Antonio (12. Jh.) von *San Fedele Intelvi,* und in der Pfarrkirche von *Castiglione d'Intelvi* (17. Jh.) arbeiteten u. a. Giulio Quaglio und Carlo Carlone. Die Liste ließe sich beliebig verlängern; dem Kunstfreund kann man nur raten, mit offenen Augen das Intelvi zu durchstreifen. Er wird mit Sicherheit so manche Entdeckung machen.

7

Doch das Intelvital ist auch für den Naturfreund »eine Reise wert«; bedingt durch die Lage zwischen Comer und Luganer See, bieten die meisten Wanderungen prächtige Panoramen. Als lohnendes Gipfelziel gilt der *Sasso Gordona* (1410 m), dessen felsige Pyramide den Talhintergrund von Schignano (607 m; 2¾ Std.) markant abschließt. Von der Bocca d'Orimento (1275 m) wie auch von dem winzigen Nest Erbonne (943 m) aus läßt sich der höchste (und berühmteste) Gipfel zwischen den beiden Seen besteigen, der ***Monte Generoso* (1701 m; 1¾ bzw. 3 Std.). Zwei andere Aussichtspunkte am Nordrand des Intelvi sind erheblich bequemer erreichbar: die ***Sighignola* (1321 m; Straße von Lanzo d'Intelvi, 5,5 km, s. S. 41) und das **Belvedere* (898 m), dessen Name nicht zu viel verspricht (Zufahrt von Lanzo, 2 km).

Bemerkenswerte Sicht auf das gesamte Intelvi und seine Bergkulisse vermittelt ein Abstecher nach *Pigra* (881 m; 6 km von San Fedele) oberhalb von Argegno. Die Weiterfahrt zum Rifugio Boffalora (1252 m; 6 km) bietet dann zauberhafte Blicke auf den Lario; von der im Sommer bewirtschafteten Hütte ist es nur noch eine 2½stündige Höhenwanderung zum **Monte di Tremezzo* (1700 m), der sich unmittelbar über dem gleichnamigen Uferort aufbaut und zu den schönsten Aussichtspunkten am Comer See zählt.

Vom Intelvital führen kurvenreiche Straßen zum Luganer See hinunter (nach Maroggia bzw. Porlezza; siehe Route 5).

🏨🏨 »Villa Violet«, »Milano« (beide in Lanzo). – 🏨 »Valle Intelvi« (San Fedele), »Mariuccia« (Lanzo).

⛺ »Pian delle Noci« (Lanzo).

Hinter Argegno nähert man sich der Seemitte, der *Riviera della Tremezzina;* dieser landschaftlich wohl schönste Teil des Lario wird der Blütenpracht wegen, die hier Azaleen und Rhododendren im Frühling entfalten, auch als »Azaleenriviera« bezeichnet.

Unmittelbar vor *Sala Comacina* (213 m), 24 km, liegt die einzige Insel des Comer Sees, die *Isola Comacina,* rund 600 m lang und bis 200 m breit, ein Eiland, das eher für seine Vergangenheit als für seine Gegenwart berühmt ist (sieht man einmal von der wegen ihrer Fischspezialitäten gepriesenen »Locanda dell'Isola« ab). Älteste Siedlungsspuren gehen auf die Römerzeit zurück; im Mittelalter muß hier ein blühendes Gemeinwesen existiert haben, die Insel war stark befestigt, man zählte fünf Kirchen. Im Jahr 1169 kam dann das schreckliche Ende für »Cisopoli«, die »Goldene Stadt«, wie der Volksmund die Insel wegen ihres Reichtums nannte: Comos fürchterliche Rache für den Pakt zwischen der Isola Comacina und Mailand im zehnjährigen Krieg (1118–1127). Die Siedlung wurde dem Erdboden gleichgemacht; nur Mauerreste der romanischen Basilika Sant'Eufemia haben die Jahrhunderte überdauert. Jeweils zur Johannisnacht (24. Juni) findet zum Gedenken an den Untergang von »Cisopoli« eine Prozession samt Feuerwerk statt.

Campanile von Santa Maria Maddalena

Ossuccio (235 m; 1500 Einw.), 25,5 km, am Eingang ins Val Perlana, umfaßt mehrere Ortsteile. Wahrzeichen der stattlichen Gemeinde ist die Kirche *Santa Maria Maddalena,* ein schlichter romanischer Bau im Ortsteil *Ospedaletto* (so benannt nach einem früheren christlichen Hospiz); ungewöhnlich ist der Campanile, der im 14. Jh. ein reichgegliedertes Glockengeschoß aus Backstein aufgesetzt bekam.

Auch der Glockenturm von *San Giacomo* (12. Jh.) im Ortsteil *Spurano* wurde später aufgesetzt. Die Freskenreste im Innern mit Darstellungen aus der Passionsgeschichte stammen vermutlich aus der Erbauungszeit.

Kunst- und Naturgenuß verbinden sich bei einem Aufstieg über die mit Kapellen gesäumte Via Crucis zur Wallfahrtskirche *Madonna del Soccorso* (419 m), die aus dem 17./18. Jh. stammt und eine (über-)reiche Ausstattung aufweist.

Überreich ist auch der Blick über den See, auf Bellagio und zu den Grigne; nicht zu übersehen der Dosso di Lavedo (332 m), jene bewaldete Halbinsel, die zwischen Ossuccio und Lenno in den See hinausragt. Die *Villa del Balbianello,* im ausgehenden 18. Jh. von dem lebenslustigen Kardinal Angelo Maria Durini auf den Ruinen eines Franziskanerklosters erbaut, war Schauplatz rauschender Feste (Schiffsanlegestelle; ◷ Besichtigung Ostern bis Ende Oktober Di, Sa, So 10–12, 16–18 Uhr).

Hinauf zur Kirche Maria Hilf führt auch eine Straße (2 km); der weitere Weg ins Val Perlana ist dann Wanderern vorbehalten. Kunstliebende werden zumindest bis *San Benedetto* (701 m; 1 ½ Std.) gehen, um einen Blick auf die dreischiffige romanische Kirche zu werfen (11. Jh.); »Gipfelstürmer« locken die Aussichtsberge über dem Talinnern, durchwegs großartige Aussichtspunkte (Monte di Lenno, 1589 m; Calbiga, 1698 m; Monte di Tremezzo, 1700 m). – Auch

Lenno (209 m; 1600 Einw.), 27 km, das sich an die kleine Bucht nördlich des Dosso di Lavedo schmiegt, besitzt eine sehenswerte Kirche: *Santo Stefano,* im 16./17. Jh. stark umgebaut, ist in den Ursprüngen möglicherweise langobardisch. Die Hallenkrypta gehört zu einer romanischen Basilika des 11. Jhs. Unter dem Gotteshaus wurden Reste einer römischen Therme entdeckt; ob sie allerdings mit der Comoedia, einer der beiden berühmten Villen des Plinius, in Verbindung steht, erscheint doch sehr fraglich. Das achteckige Baptisterium – ähnlich jenem von Oggiono (s. S. 55) – wird auf das 11. Jh. datiert.

Oberhalb von Lenno, am Eingang ins Val Perlana, liegt die *Abbazia dell'Acquafredda,* ursprünglich ein Zisterzienserkloster aus dem 12. Jh., im 17./18. Jh. umgebaut. Die Kirche bewahrt drei Gemälde (um 1620) des Giovanni Mauro della Rovere, genannt »Fiamminghino«.

⌂⌂ »Plinio«. – ⌂ »Grifo«.

⛺ »Lavedo«.

Auf der Weiterfahrt entlang der Tremezzina kommt man durch *Mezzegra,* das am 28. April 1945 durch Mussolinis Hinrichtung in die Geschichte eingegangen ist: Einen Tag, nachdem man sie auf der Flucht in die Schweiz in Dongo (s. S. 50) gefangengenommen hatte, wurden der Duce und seine Geliebte, Claretta Petacci, hier erschossen.

Versöhnlicher stimmt dann der Blick auf die von einem herrlichen Garten umgebene *Villa Quiete,* die in zwei Bauetappen während des 18. Jhs. entstand. Ruhe (= quiete) herrscht rund um die beiden bekannten Ferienorte

***Tremezzo** (225 m; 1300 Einw.), 29,5 km, und *Cadenabbia* nur selten, nicht auf der Uferpromenade und schon gar nicht im Bereich der **Villa Carlotta*. Die berühmteste aller Villen am Lario ist alljährlich Ziel unzähliger Besucher, die sich an verschwenderischer Prachtentfaltung delektieren können: dem herrlichen *Terrassengarten, den kostbar ausgestatteten Räumen (u. a. Großer Marmorsaal), der Skulpturen- und Gemäldesammlung (u. a. Werke von Canova und Thorvaldsen), nicht zuletzt auch am stimmungsvollen Blick über den See, auf die Halbinsel von Bellagio und die grauen Felsen der Grigne. Die

7

Villa Carlotta ist im Kern eine barocke Anlage (1747) und erhielt ihr klassizistisches Äußeres erst zu Beginn des 19. Jhs.; 1856 wurde sie an die Prinzessin Marianne von Preußen verkauft, die sie ihrer Tochter Charlotte vermachte (🕓 März–Oktober täglich).

🛈 Azienda Autonoma di Soggiorno e Turismo, Piazzale Trieste 3, I-22019 Tremezzo, ☎ 0344/ 4 04 93.

🚌 Como, Menaggio.

⛴ Autofähre Cadenabbia – Bellagio/Varenna; Uferorte, Rundfahrten.

🏨🏨🏨 »Bazzoni & Du Lac«, »San Giorgio«. – 🏨🏨 »Azalea«, »Villa Marie«. – 🏨 »Bel Sit«.

Wer nach dem Trubel rund um die Villa Carlotta etwas Erholung braucht, sollte den kleinen Spaziergang landeinwärts nach *Griante* (255 m) unternehmen: Ruhe, malerische Winkel, alte Gemäuer und vom Kirchlein San Martino (457 m; ¾ Std.), das auf einem Felsvorsprung hoch über dem Flecken thront, ein bezaubernder Blick auf den See und seine Kulisse.

Menaggio (203 m; 3200 Einw.), 34,5 km, liegt auf einer kleinen Landzunge an der Mündung des Val Sangara. Hier zweigt die wichtige Verbindungsstraße nach Lugano ab (s. Route 5), was dem beliebten Ferienort (vor allem im Sommer) ein permanentes Verkehrschaos beschert. Ruhiger ist das Hinterland mit schönen Ausflugs- und Wanderzielen. Eine Serpentinenstraße führt nördlich nach Plesio (595 m) und weiter bis *Breglia* (749 m; 7 km) mit dem weithin sichtbaren Kirchlein Madonna di Breglia (784 m) und dem Aussichtspunkt Belvedere San Domenico (820 m). Noch umfassender ist die Aussicht vom **Monte Grona* (1736 m), etwa 3 Std. von Breglia über das im Sommer bewirtschaftete Rifugio Menaggio (1400 m). Ein herrlicher Kammweg führt nördlich über den kahlen Costone del Bregagno zum *Monte Bregagno* (2107 m; etwa 3 Std. vom Rif. Menaggio).

🛈 Azienda Autonoma di Soggiorno e Turismo, Piazza Garibaldi 8, I-22017 Menaggio, ☎ 0344/3 23 34.

🚌 Como, Gravedona, Porlezza – Lugano.

⛴ Autofähre Varenna; Uferorte, Rundfahrten.

🏨🏨🏨 »Grand Hotel Victoria«, »Royal«.
🏨🏨 »Corona«, »Miralago«. – 🏨 »Alpino«.

⛺ »Lido«, »Europa«.

Hinter Menaggio wird der Landschaftscharakter allmählich strenger, alpine Akzente verdrängen das Mediterrane mehr und mehr, hohe, oft schneebedeckte Bergkämme treten ins Bild; das Nordende des Lario ist nicht mal mehr 40 km vom Alpenhauptkamm entfernt. Die Uferstraße führt durch *Sant'Abbondio, Rezzonico, Cremia* und die aus mehreren Ortsteilen bestehende Gemeinde *Pianello del Lario.* Im Ortsteil *Calozzo* (217 m), 45 km, kommen die Schiffsfreunde im *Bootsmuseum* »La Raccolata della Barca Lariana« auf ihre Kosten. In 14 Räumen sind nicht weniger als 130 Boote ausgestellt; daneben gibt es allerlei »Zubehör« wie Segel, Fischernetze, Werkzeuge sowie historische Dokumente zu sehen (🕓 täglich von Juli bis Mitte September). – Über Musso, von dessen mächtiger Burg am Sasso di Musso nur noch spärliche Mauerreste erhalten sind, erreicht man

Dongo (201 m; 2000 Einw.), 48 km, einen stattlichen Ort am Eingang zum Val Albano. In dem Tal wurde früher Erz abgebaut; die Gruben sind längst geschlossen, die eisenverarbeitende Industrie dagegen besteht noch. Zum Erliegen gekommen ist auch der einst rege Saum-(und Schmuggel-)Verkehr über den *Passo di San Jorio* (2014 m) ins benachbarte Tessin; heute begegnet man auf dem historischen Pfad höchstens ein paar (harmlosen) Wanderern (Straße von Dongo über Garzeno bis Brenzeglio, 979 m, dann 3 ½ Std. zum Paß). Die landschaftlich sehr reizvolle, weitgehend unberührte italienisch-schweizerische Grenzregion animiert zu Gipfeltouren (Cima Verta, 2079 m; Pizzo di Gino, 2245 m; Monte Marmontana, 2316 m).

🏨🏨 »Ariete«. – ⛺ »Alla Vigna del Lago«, »Miralago«.

Historisches Zentrum am oberen Comer See ist

*** Gravedona** (201 m; 3000 Einw.), 52 km, im Mittelalter freie Kommune, später eine der »Tre Pievi« (drei Pfarrgemeinden, neben Dongo und Sornico) am Alto Lario; damals berühmt für seine Goldschmiedekunst. Direkt am Seeufer steht der *Palazzo Gallio,* 1583 nach Plänen von Pellegrini Tibaldi auf den Fundamenten eines im Krieg zwischen Mailand und Como (1118–1127) geschleiften Kastells errichtet. Kunsthistorisch bedeutsamer sind die Gotteshäuser am südlichen Ortsrand von Gravedona: **Santa Maria del Tiglio* und das benachbarte *San Vicenzo* (11. Jh., im 17./18. Jh. bis auf die Krypta umgebaut). Die »Heilige Maria zur Linde« gilt als eine der bedeutendsten romanischen Kirchen am Comer See; ihr ging ein frühchristliches Baptisterium voraus, (Reste von Mosaikböden sowie Taufbecken).

7

Die Fassade wird dominiert von dem hochstrebenden, oben achteckigen Turm; im Innern monumentaler Christus (13. Jh.) und Reste eines umfangreichen Freskenzyklus (12.–14. Jh.).

Über dem Ort thront die Kirche *Santa Maria delle Grazie* von 1467, die ursprünglich zu einem Augustinerkloster gehörte und deshalb im Volksmund »Il Covento« genannt wird; sie birgt gute Wandmalereien lombardischer Künstler aus dem 15. und 16. Jh.

Ein lohnender Abstecher führt nördlich in das malerische *Valle di Livo.* Von Livo (665 m; 7,5 km) steigt man in etwa 4 Std. auf zur Capanna Como (1790 m) am stimmungsvollen *Lago di Darengo* (1781 m). Altar und Fresken der Pfarrkirche von *Peglio* (633 m) stammen von Giovanni Mauro della Rovere, genannt »Fiammenghino« (ca. 1570–1640). Der Künstler soll sich in Peglio mehrere Jahre versteckt gehalten haben, um der Strafe für einen Mord zu entgehen.

⌂⌂ »Crotto Lauro«, »Italia«. – ⌂ »Centrale«, »Duemila«.

⛺ »Serenella«.

Die letzten Stationen am Westufer des Lago di Como sind Domaso ⛺, Gera Lario und Sorico. Zu empfehlen ist ein Abstecher nach *Montemezzo* (446 m) mit reichgeschmückter Kirche.

Sorico (207 m; 1500 Einw.), 59 km, liegt unmittelbar an der Mündung der Mera in den See. Gegenüber am Ostufer zeichnet sich *Colico* (siehe Route 10), 67 km, ab.

Route 8

* Como – ** Bellagio – Lecco (52 km)

Wer die Comer-See-Landschaft richtig kennenlernen will, darf diese Route nicht auslassen; wer sie mit Abstechern auf die Höhen zwischen den beiden Armen des Sees verbindet, etwa auf den Monte San Primo (1686 m) oder wenigstens zum Aussichtspunkt Madonna del Ghisallo (755 m), hat noch mehr davon. Ausblicke bietet natürlich auch Bellagio, der renommierteste Ferienort am See, einmalig gelegen und auch heute noch von unverwechselbarem Charme, trotz Autoverkehr und Massentourismus. Recht still dagegen sind die Uferstrecken, was nicht nur mit ihrem kurvenreichen Verlauf zusammenhängt. Die Dörfchen an den steilen Seeufern wirken verschlafen, aber pittoresk vor dem Blau des Sees: Man sieht mehr alte Bausubstanz als neue Hotels.

Daß der Lario schon immer ein beliebtes Reiseziel war, zumindest für die Betuchten, bezeugen die vielen Villen an seinen Ufern, die auch zwischen Como und

Torno (201 m; 1500 Einw.), 7 km, stehen. Herausragend ist die **Pliniana,* bei der es sich aber nicht – wie der Name vermuten ließe – um eine der beiden Villen handelt, die Plinius der Jüngere am Comer See besaß (hübscher Fußweg von Torno, etwa 25 Min.). Er kannte die Örtlichkeit aber schon, vor allem die sogenannte intermittierende Quelle im Park, die einen Wasserfall speist (nur von der Villa bzw. vom See aus sichtbar). Sie hat ihm einiges Kopfzerbrechen verursacht, wie er seinem Freund Licinius schrieb. Das Phänomen der in regelmäßigen Intervallen anschwellenden bzw. nachlassenden Wassermenge ist auch heute noch zu beobachten; es kann durch die Wirkung eines natürlichen Siphons im Bergesinnern erklärt werden.

Baumeister der Pliniana war Pellegrino Tibaldi (1575; vgl. S. 44), ursprünglicher Besitzer der Stadthalter von Como, Giovanni Anguissola. In den Geschichtsbüchern ist der Graf als Beteiligter an der Ermordung des Herzogs Pier Luigi Farnese vermerkt (der wiederum ein Sohn Papst Pauls III. war und als einer der größten Übeltäter der Renaissance galt). Die Villa verzeichnete später nicht nur wechselnde Besitzer, sondern auch verschiedene prominente Besucher; zu Gast waren unter anderen Byron, Stendhal, Liszt und Rossini, der hier in sechs Tagen seine Oper »Tancredi« komponiert haben soll (◷ Villa ist im Sommer geöffnet).

Im alten Ortskern von Torno entdeckt man noch manch malerischen Winkel. Die Kirche *San Giovanni* ist romanischen Ursprungs (Campanile, 12. Jh.), sie wurde Ende des 15. Jhs. erweitert und erhielt später ihre barocke Ausstattung. Das prächtige Renaissanceportal stammt aus der Rodari-Schule; im Langhaus ist ein frühchristlicher Grabstein (6. Jh.) aufgestellt.

Von Torno steigt man in knapp 1 ½ Std. auf zum *Monte Piatto* (683 m) mit hübschem Kirchlein und bemerkenswerter Aussicht auf den westlichen Seearm des Lario und den ihn umgebenden Bergen.

Die Weiterfahrt Richtung Bellagio vermittelt immer wieder neue, reizvolle Ausblicke über den See, aber auch auf malerische kleine Dörfer ober- und unterhalb der Straße. Ein beliebtes (Foto-)Motiv bietet Careno, ein kleiner Ortsteil der Gemeinde

Nesso (275 m; 1700 Einw.), 16,5 km: Da stehen die Häuser weniger neben-, als vielmehr übereinander, eng verschachtelt, vom See (der hier seine schmalste Stelle hat) steil ansteigend. Am Ufer, direkt bei der Schiffsanlegestelle, erhebt sich das Kirchlein *San Martino,* vermutlich aus romanischer Zeit, mit einem der Fassade aufgesetzten Glockentürmchen; die höhergelegene Pfarrkirche bewahrt sehenswerte Gewölbefresken des 17. Jhs.

Oberhalb von Careno befindet sich der Eingang zur *Grotta Masera.* Das ganze Hinterland von Nesso ist reich an Karsterscheinungen; um *Zelbio* (802 m) und am Piano del Tivano gibt es mehrere Höhlen. Der *Buco della Niccolina,* eine tiefe Kluft, in der sich das Regenwasser sammelt, war bereits im 18. Jh. Gegenstand wissenschaftlicher Untersuchungen. Bekannt ist der Ort auch für seine üppige, artenreiche Flora, die zwischen Mai und Ende Juni in schönster Blüte steht. Daß die Gegend bereits in vorgeschichtlicher Zeit besiedelt war, ist durch reiches Fundmaterial (6./5. Jh. v. Chr.) belegt.

Oben am *Colma del Piano* (1124 m; 12 km von Nesso) öffnet sich dann ein Prachtblick auf die Täler und Berge rund um Asso und Canzo; am Horizont erkennt man die Gipfel der Grigne und Resegone. Noch weit umfassender ist die Aussicht vom **Monte San Primo* (1686 m), der höchsten Erhebung zwischen den beiden Armen des Lario, mit faszinierendem Seeblick und einem Panorama, das an ganz klaren Tagen vom Mont Viso in den Cottischen Alpen über den Gran Paradiso, den Monte Rosa und das Finsteraarhorn in den Berner Alpen bis zur Bernina reicht. Gut auszumachen ist auch die markante Halbinsel von

8

****Bellagio** (216 m; 4000 Einw.), 30 km, der herausragende Platz am See, dessen strategische Bedeutung bereits die Römer zur Anlage eines »vicus« bewog. »Bilacus« nannten sie ihre Siedlung, »zwischen den Seen«; die Einheimischen halten es eher mit der Bezeichnung »bello-lago«, und ganz ohne Zweifel: Bellagio ist von einem unverwechselbaren Charme, gediegen-altmodisch fast, aber durchaus nicht ohne Eleganz – trotz der alljährlichen Touristeninvasion. Stilgerecht mit dem Schiff nähert man sich der Landzunge, von deren Zauber Flaubert so hingerissen war, daß er in romantischem Überschwang schrieb: »on voudrait vivre ici et y mourir«.

Der winzige Borgo liegt auf der Westseite der schmalen Halbinsel; über enge Treppengäßchen steigt man von der Seepromenade hinauf zur Pfarrkirche *San Giacomo.* Der dreischiffige romanische Bau mit seinem im 17. Jh. umgestalteten Turm bewahrt im Innern eine ausdrucksstarke Grablegung, die Perugino zugeschrieben wird (um 1500).

Doch was wäre Bellagio ohne seine Villen und ***Gärten?* Manche blicken auf eine wechselvolle Geschichte zurück, wie etwa die *Villa Giulia* auf der Ostseite der Landzunge, einst Residenz des belgischen Königs Leopold I. (in Privatbesitz). Auf dem Hügel über dem Ort liegt die **Villa Serbelloni,* ein stattlicher Komplex, im Kern aus der Renaissancezeit, Ende des 18. Jhs. von Alessandro Serbelloni, der auch den riesigen Garten mit schönen Spazierwegen anlegen ließ, klassizistisch umgestaltet; heute in Besitz der Rockefeller Foundation (◷ Führungen täglich außer Mo 10–16 Uhr). An gleicher Stelle stand vor zwei Jahrtausenden eine der beiden Villen, die Plinius der Jüngere am Comer See besaß, die »Tragoedia«, später dann eine Langobardenburg.

Den Eingang zum zweiten großen Park von Bellagio, den der **Villa Melzi,* findet man im Ortsteil Loppia (romanisches Kirchlein Santa Maria, 11. Jh.) an der Straße nach Como. Die Villa, ein kühlklassizistischer Bau von 1815, wurde von Giacomo Albertolli für Francesco Melzi d'Eril, damals Vizepräsident der Cisalpinischen Republik unter Napoleon, erbaut. Der ausgedehnte Park (◷ März bis Oktober 9–12.30, 14.30–18 Uhr, im Sommer 9–18.30 Uhr) bezaubert durch seinen Reichtum an exotischen Pflanzen (herrliche Platanenallee, Azaleen und Alpenrosen). Dem Zeitgeist der Romantik entsprechen die vielen Statuen und Skulpturen; ein »Nymphensee« fehlt ebensowenig wie eine künstliche Grotte und ein maurisches Tempelchen.

Park der Villa Melzi in Bellaggio

Als romantisches Erlebnis wird auch ein Besuch des *Buco dei carpi* angepriesen. Die Höhle am Seeufer (4,5 km von Bellagio Richtung Como) diente ursprünglich den Fischern als Zuflucht (daher der Name »Karpfenloch«); inzwischen hat man sie, wohl um Assoziationen zur berühmten »Blauen Grotte« auf Capri zu wecken, umgetauft in *Grotta Azzurra dei Bulberi* (Boote, am Nachmittag hübsche Lichteffekte).

Neben Villen, Parks und See bietet Bellagio auch Berge; das teilweise steile und felsige Hinterland lädt ein zu reizvollen Ausflügen und Wanderungen. Eine Kostprobe der traumhaften See- und Bergkulisse vermittelt die Fahrt auf kurvenreicher, aber guter Straße hinauf nach *Madonna del Ghisallo* (755 m; 10 km), via Civenna (627 m), einem reizvoll über dem Ostarm des Lario gelegenen Ferienort. Oben an der kleinen Paßhöhe reicht der Prachtblick bis zu den Grigne (2409 m); bei der Kapelle Madonna del Ghisallo entdeckt man eine Gedenktafel für den berühmten italienischen Radrennfahrer Fausto Coppi (Die Madonna del Ghisallo gilt als Schutzpatronin der Radler). – Valassina, siehe Route 9.

Schönster Aussichtsgipfel im Dreieck zwischen Como, Lecco und Bellagio ist der **Monte San Primo* (1686 m) mit weitreichendem Panorama (s. S. 51). Den Aufstieg von Norden verkürzt eine Zufahrt (8 km), die bei Guello von der Ghisallo-Straße abzweigt, auf etwa 2 Std. (markierter Weg).

🛈 Promobellagio, Via Mella 2, I-22021 Bellagio; ☎ 031/95 15 55.

🚌 Como, Lecco, Valassina.

⛴ Autofähre Varenna, Cadenabbia. Uferorte, Rundfahrten.

🏨🏨🏨L »Grand Hotel Villa Serbelloni«.

🏨🏨 »Du Lac«, »Belvedere«. – 🏨🏨 »Fioroni«, »Silvio«. – 🏨 »La Pergola«, »Roma«.

Auf der Weiterfahrt nach Lecco passiert man die aus mehreren kleinen Siedlungen bestehende Ortschaft *Oliveto Lario.* In

Onno (205 m), 40 km, zweigt die Verbindungsstraße nach Valbrona bzw. *Asso* ab (vgl. Route 9); die Steilabstürze des Monte Moregallo (1276 m) werden in einem langen Tunnel unterfahren. Über *Malgrate* (236 m; 2500 Einw.), 49 km, erreicht man schließlich

Lecco (s. S. 56), 52 km.

Route 9

* Como – Erba – Lecco (29 km)

8

9

Eine freundliche Hügellandschaft, vier hübsche Voralpenseen, aufgereiht wie auf einer Perlenschnur, bedeutende Kunstdenkmäler: Das klingt recht vielversprechend, lädt ein zu einer Fahrt von Como durch die *Brianza* nach Lecco, ist aber nur die »eine Seite der Medaille«. Die andere präsentiert sich weit weniger verführerisch: Ungezügelte Bautätigkeit und Industrieansiedlungen gehören heute auch zum Landschaftsbild der Brianza.

Erste Ortschaft auf der Fahrt von **Como* (s. S. 21) am Nordrand der Brianza entlang ist *Lipomo* (371 m), 5 km; wenig weiter südöstlich liegt der *Lago di Montorfano* (394 m), genau 0,47 km² klein. Rund viermal größer ist der *Lago d'Alserio* (260 m), der etwas abseits der Hauptstraße zwischen Albavilla, Erba und den Hügeln von Monguzzo liegt. Einen prächtigen Blick auf den See und die gesamte Brianza genießt man von der *Alpe del Vicerè* (903 m), zu der von Albavilla (429 m) eine asphaltierte Straße (5 km) hinaufführt. Die Alm war einst im Besitz von Eugène de Beauharnais, dem Stiefsohn Napoleons und Vizekönig Italiens (daher der Name: vicerè = Vizekönig); auf seine Veranlassung wurde auch die prächtige Allee angelegt. Auf markierten Wegen steigt man zum Monte Bolettone (1317 m; 1 ¼ Std.) und zum Monte Palanzone (1436 m; 2 Std.) auf, beide mit umfassendem Panorama und bewirtschafteter Hütte.

Ein anderer Abstecher von der Alpe del Vicerè führt in die Tiefe, ins düstere Val Bova, wo man am Fuß einer senkrechten Felswand den *Buco del Piombo* entdeckt (695 m; 1 Std). In der auf ein paar hundert Meter Tiefe begehbaren Höhle fand man bedeutendes prähistorisches Material, u. a. Steinzeitgeräte (im Archäologischen Museum von Erba, s. u.); am Eingang Überreste von römischen und mittelalterlichen Mauern. Das Bovatal öffnet sich nach

Erba (323 m; 15 000 Einw.), 14 km, einem lebhaften Industrie- und Handelsstädtchen, das bereits in prähistorischer Zeit Siedlungsgebiet war (kleine archäologische Sammlung mit prähistorischen bis spätrömischen Funden; ◷ Di–Fr 9.30–12, Sa 15–19 Uhr). Im 19. Jh. entstanden in der hügeligen Umgebung zahlreiche stilvolle Landhäuser, teilweise mit schönen Gärten. Hervorzuheben ist die *Villa Amalia* in erhöhter Lage über dem alten Dorfkern. Ursprünglich ein 1488 gegründetes Kloster, wurde sie Anfang des 19. Jhs. zu einem spätklassizistischen Ansitz mit pompöser säulentragender Vorhalle umgestaltet. Erhalten blieb nur die Kirche (um 1500); sie bewahrt ein großes Passionsfresko.

Bei Erba mündet auch der *Lambro,* der oberhalb von Magreglio an der Ostflanke des Monte San Primo entspringt und ein reizvolles Voralpental durchläuft, die *Valassina* (nicht zu verwechseln mit der Valsassina; siehe Route 11). Ihr Name wird abgeleitet vom Hauptort des Tals,

Asso (433 m; 3000 Einw.). Überragt wird der stattliche Flecken von einem 21 m hohen Turm, Rest einer Feste aus dem 9./10. Jh.

Ausflüge führen über Sormano zum *Colma del Piano* (1124 m) und hinab nach Nesso am Westarm des Comer Sees (23 km; s. Route 8) sowie über Lasnigo (564 m) zur kleinen Paßhöhe *Madonna del Ghisallo* (755 m) und weiter nach Bellagio (19 km; s. Route 8). Vor allem der Abstecher über Ghisallo bietet eine Vielzahl schöner Ausblicke auf den Lario und die Grigne; am Oberlauf des Lambro, bei *Barni* (630 m), führt die Straße durch einen prächtigen Kastanienhain, bei *Lasnigo* zieht die im freien Feld stehende Alexanderkirche mit ihrem schönen Campanile (12. Jh.) den Blick auf sich (im einschiffigen Innern Fresken des 16. Jhs.).

Markierte Wege führen u. a. von Asso auf den Monte Palanzone (1436 m; 3 ½ Std.) und von Sormano (760 m) auf den Monte Cornet (1318 m; 2 Std.). Ein beliebtes Wander- und Kletterrevier bilden die *Corni di Canzo* (1373 m), markante Felszacken, die sich östlich von Canzo (402 m; 3500 Einw.) erheben. Der meistbegangene Anstieg verläuft an der Mineralquelle von Gajum und am Kirchlein des Ortsheiligen San Miro vorbei, der im 12. (oder 14.) Jh. hier gelebt haben soll und als Wettermacher (bzw. Regenbringer) verehrt wurde. Regen wünschen sich die Gipfelstürmer des 20. Jhs. natürlich nicht, schon eher klare Sicht, um das bemerkenswerte Panorama, das die »Hörner« (»corni«) bieten, auch richtig genießen zu können. Wem der knapp dreistündige Aufstieg zuviel ist, kann alternativ das von *Valbrona* (487 m; 3 km ab Canzo) ausgehende Serpentinensträßchen nehmen. Es führt hinauf bis zur Alpe Oneda (719 m); zum Hauptgipfel geht man auf einem markierten Weg dann noch etwa 1 ¾ Std. Noch bequemer zu »besteigen« ist der Monte Cornizzolo (1240 m); ein holperiges Sträßchen führt vom *Lago del Segrino* (374 m) bzw. von *Carella* (388 m), wo sich einst Lord Byron und der Maler Giovanni Segantini aufhielten, bis knapp unter den Gipfel (mit Aussicht auf die Brianza).

⛺ »Lago di Pusiano« (Eupilio).

Die Straße nach Lecco führt hinter Erba zum Nordufer des 5,25 km² großen *Lago di Pusiano* (260 m), der vor über einem Jahrhundert den Maler Giovanni Segantini bezauberte und ihn zu seinem berühmten Gemälde »Ave-Maria bei der Überfahrt« inspirierte. Nur knapp über den Wasserspiegel ragt die winzige Isola dei Cirpessi auf. Größter unter den vier Seen am Nordrand der Brianza ist der *Lago di Annone* (224 m) mit einer Fläche von 5,7 km² (maximale Tiefe 11,4 m), den die schmale Landzunge der Isella fast in zwei Hälften teilt. An seinem südwestlichen Ufer liegt das kleine Dorf *Annone,* dessen Georgskirchlein einen kunstvoll geschnitzten Altaraufsatz des 16. Jhs. bewahrt. Ein Flügelaltar, »Maria mit acht Heiligen«, vom Da-Vinci-Schüler Marco d'Oggiono findet sich auch in der Pfarrkirche von *Oggiono* (266 m; 7500 Einw.) am Südufer des Sees. Das achteckige Baptisterium neben dem Gotteshaus geht aufs 11. Jh. zurück (im Innern Überreste eines spätantiken Taufbeckens). Am gegenüberliegenden nördlichen Seeufer wird

Civate (256 m; 3000 Einw.), 24 km, zwar von der Schnellstraße umgangen, für Kunstfreunde

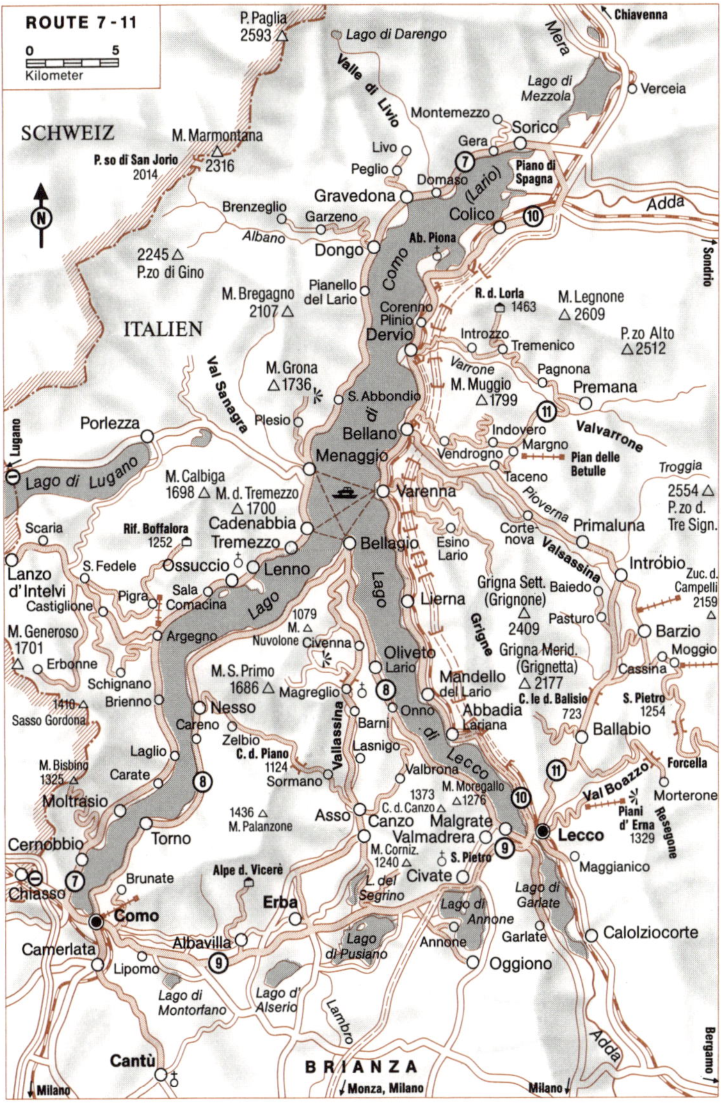

San Pietro al Monte

ist hier ein Zwischenhalt aber unumgänglich. Das Kleinod

**** *San Pietro al Monte* (639 m), knapp 1 ½ Std. vom Ort im Valle dell'Oro am Osthang des Monte Cornizzolo, ist ein Kulturdenkmal von überregionaler Bedeutung. Weshalb es im 8. (?) Jh. zur Gründung eines Benediktinerklosters in dieser recht unwegsamen Berggegend kam, ist ungeklärt; dem Besucher des 20. Jhs. vermittelt gerade die Abgeschiedenheit einen nachhaltigen Eindruck: Natur und Menschenwerk in seltener Harmonie. Ursprünglich war San Pietro als einfache Saalkirche mit Ostapsis angelegt; erst im 11. Jh. wurde der Eingang auf die Ostseite verlegt, um eine direkte Verbindung zum tiefer gelegenen *Oratorio San Benedetto,* einem romanischen Zentralbau, zu erreichen. Seine überragende kunsthistorische Stellung gewinnt San Pietro durch Fresken und Stuckschmuck des ausgehenden 11. Jhs., die den Einfluß byzantinischer Künstler zeigen. Besonders hervorzuheben sind das Lünettenfresko, Kampf der Engel mit dem siebenköpfigen Drachen, und der plastische Schmuck des Altarbaldachins in Stuck. Auch in der Krypta sind Stuckreliefs und Fresken erhalten.**

Nach soviel Kunst- noch ein Naturgenuß: In 1 ¾ Std. steigt man von San Pietro auf zum *Monte Cornizzolo* (1240 m) mit herrlicher Aussicht auf die Brianza, in die Valassina und nördlich bis zu den Dreitausendern des Alpenhauptkamms.

Lohnende Touren sind auch möglich von **Valmadrera** (237 m; 8000 Einw.), 27 km, aus, das man bereits dem Großraum Lecco zurechnen muß: zur Kapelle *San Tomaso* (580 m; 1 Std.), die auf einer weitschauenden Anhöhe steht, zum *Sasso di Preguda* (647 m; 1 Std.) und auf den *Monte Moregallo* (1276 m; 3 Std.). – Bei

LECCO

(214 m; 51 000 Einw.), 29 km, verläßt die Adda den Comer See. Lecco ist für die Italiener vor allem die Stadt Alessandro Manzonis, dessen Roman »I promessi sposi« (»Die Verlobten«) auch über die Landesgrenzen hinaus berühmt wurde: Renzo und Lucia statt Romeo und Julia, Happy-End statt Tragödie, Schauplatz Lecco, nicht Verona. »Lecco, die wichtigste Ortschaft, welche dem Gebiet auch ihren Namen gibt, liegt nicht weit von der Brücke entfernt am Seeufer, ja zuweilen im See selbst, wenn dieser ansteigt. Heute ist es ein großer Marktflecken und auf dem besten Wege, Stadt zu werden.«

Rund anderthalb Jahrhunderte sind vergangen, seit Manzoni (Denkmal auf der gleichnamigen Piazza) diese Zeilen schrieb. Die Häuser am Seeufer stehen zwar immer noch ab und zu im Wasser, doch Lecco ist längst eine Stadt. Rauchende Fabrikschlote und rußgeschwärzte Mauern prägen heute das Ortsbild, das Verkehrschaos gehört zum Alltag, vom historischen Siedlungskern ist kaum etwas erhalten. Lecco ist zwar eine durchaus lebendige, aber keine schöne Stadt.

Ganz anders verhält es sich mit seiner * Umgebung: dem See (eigentlich *den* Seen, fließt die Adda doch direkt in den Lago di Garlate) und den Bergen. Gegen Osten hin bildet der hohe Kamm des *Resegone* (1875 m) einen markanten Abschluß; unmittelbar über den Dächern der Stadt ragt der *Corno Medale* (1028 m), ein beachtlicher Kletterzacken, in den Himmel. Lecco, eine Bergsteigerstadt? Ja, und zwar eine mit Tradition: Bereits 1881 wurde in den Grigne eine erste Hütte errichtet, noch vor der Jahrhundertwende stand auch auf dem höchsten Punkt des Massivs, dem *Grignone* (2409 m), ein winziges Rifugio. Heute sind die Berge rund um Lecco durch ein dichtes, bestens markiertes Netz von Wanderwegen erschlossen; dazu gibt es rund ein Dutzend »Vie ferrate« (Klettersteige), die einen Vergleich mit ähnlichen Anlagen in den Dolomiten leicht aushalten, sowie mehrere im Sommer bewirtschaftete Schutzhäuser (»Rifugi«). Und im Winter kann man (wenn genügend Schnee liegt …) sogar wedeln, etwa am Pizzo d'Erna (1362 m).

Geschichte

Vermutlich war Lecco schon in prähistorischer Zeit besiedelt, sicher ist, daß die Stadt von den Römern erobert wurde. Die späteren Herren wie Langobarden, Franken, die Mailänder Bischöfe, Visconti, Sforza bis hin zu den Spaniern bescherten Lecco ein wechselvolles Schicksal; erst unter den Habsburgern setzte ein kontinuierlicher Aufschwung ein. Mit der beginnenden Industrialisierung gewann die Seidenindustrie, später dann die Eisenindustrie – noch heute wichtigster Wirtschaftszweig der Stadt – mehr und mehr an Bedeutung.

Sehenswürdigkeiten

Der alte Siedlungskern liegt im Rücken einer kleinen Seebucht nahe des Adda-Abflusses, weithin sichtbar überragt vom 96 m hohen Turm des im 19. Jh. klassizistisch umgestalteten *Doms.* Die engen, teilweise autofreien Gassen zwischen der Via Cavour und dem Lungolago (Uferstraße) laden mit ihren Geschäften, die außer den neuesten Modekreationen auch lombardische Spezialitäten anbieten, zum Flanieren ein; auf der Piazza XX Ottobre findet jeden Samstag ein bunter Markt statt. In die Südwestecke des Platzes ist die zinnengekrönte

Torre del Castello eingebunden, ein Überrest der von den Visconti errichteten Festung (15. Jh.). Hier ist das *Museo del Risorgimento e della Resistenza* untergebracht mit Dokumenten aus der Zeit der Unabhängigkeitskämpfe und der beiden Weltkriege.

Auf die Zeit der Visconti geht auch der zwischen 1336 und 1338 errichtete

Ponte Azzone Visconti zurück, der den Addafluß unterhalb der verkehrsreichen Kennedy-Brücke überspannt.

Im Ortsteil *Caleotto* steht die

Villa Manzoni, ein klassizistischer Bau des 18. Jhs., in dem Alessandro Manzoni (1785–1873) seine Jugend verbrachte. Das Erdgeschoß beherbergt die *Sezione Manzoniana* mit Erinnerungsstücken an den berühmten Dichter, dessen Roman »Die Verlobten« in der Umgebung der Stadt (Olate, Acquate, Pescarenico) spielt; die *Galleria Comunale d'Arte* im ersten Stock zeigt eine Gemäldesammlung, vor allem Werke des 17./18. Jhs. Ungleich älter sind die Exponate, die das

Museum für Naturgeschichte im *Palazzo Belgiojoso* (18. Jh.) präsentiert: Gesteine und Versteinerungen aus den Bergen der Umgebung, vorgeschichtliche und römische Funde, darunter ein kostbares Relief aus dem 1. Jh. v. Chr.

Aus Lecco stammt auch ein verdienstvoller italienischer Naturforscher. *Antonio Stoppani* (1824–1891) wurde als Verfasser des Klassikers »Il bel paese«, einer Landesbeschreibung, bekannt.

Die Museen Leccos sind ⌚ Di–Sa 10–12.30, 14.30–17 Uhr, So 10–13 Uhr geöffnet.

Praktische Hinweise

ℹ APT, Azienda di Promozione Turistica del Lecchese, Via N. Sauro 6, I-22053 Lecco, ☎ 0341/36 23 60.

🚆 Colico – Sondrio/Chiavenna, Mailand.

🚌 Valsassina, Garlate, Bellagio.

⛴ Uferorte, Rundfahrten auf dem Comer See (im Sommer auch abends).

🚡 Seilschwebebahn Piani d'Erna; Skilifte.

Umgebung

*** Le Grigne.** Zusammen mit dem Resegone bilden die Grigne das felsig-alpine Hinterland Leccos; Hauptgipfel des fast 100 km² großen Kalkmassivs, das sich zwischen dem Ostufer des Lario und der Valsassina (s. Route 11) erhebt, sind der

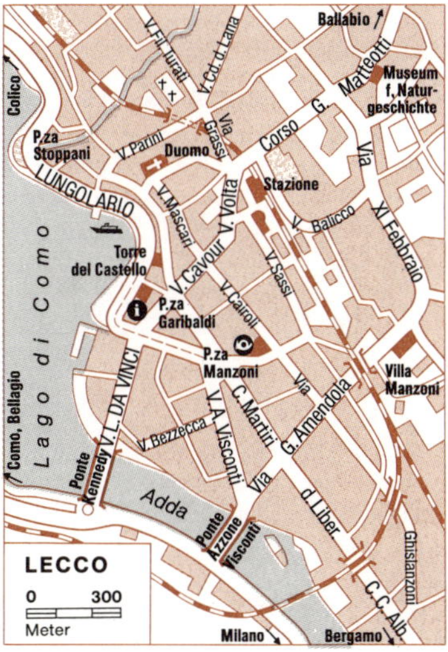

Grignone (auch *Grigna Settentrionale;* 2409 m) und die *Grigna Meridionale* (2177 m) mit fast unerschöpflichen Tourenmöglichkeiten. Den besten, aber meistfrequentierten Ausgangspunkt erschließt die Serpentinenstraße zu den *Piani di Resinelli* (1280 m; 8 km), die in Ballabio (s. S. 61) abzweigt und zu dem Mittelgebirgsplateau zwischen dem Monte Coltignone (1473 m) und der Südlichen Grigna (2177 m) hinaufführt.

Markierte Wege, die nur Geübte gehen sollten, führen u. a. zum *Rifugio Rosalba* (1720 m; 2 ¾ Std.) und auf die *Grigna Meridionale* (2177 m; 2 ½ Std.). Eine interessante, teils gesicherte Gratroute verbindet die Südliche Grigna mit dem *Grignone* (3 Std.). Vor allem in den Graten der Südlichen Grigna erinnern faszinierend-bizarre Zinnen und Türme an die Dolomiten.

Beinahe in den Dolomiten wähnt man sich auch angesichts der nahezu senkrechten, fast 500 m hohen Südwand des *Corno Medale* (1028 m), an der u.a. so berühmte Alpinisten wie Walter Bonatti und Riccardo Cassin spektakuläre Neurouten gelangen. Für Freunde von Klettersteigen gibt's seit ein paar Jahren auch eine »Via ferrata« zum Gipfel: ein luftiger Gang hoch über den Dächern der Alpenstadt. Wer sich im steilen, felsigen Gelände nicht so wohlfühlt, steigt über den »Sentiero dei Pizzetti« zum ehemaligen Klösterchen **San Martino* (772 m; 2 Std.) auf – eine lohnende Wanderung, die Lecco und den östlichen Comer-Seearm aus der Vogelperspektive zeigt.

***Resegone** (1875 m). Das Pendant zu den Grigne bildet im Osten von Lecco der Kalkstock des Resegone, auch er mit markierten Anstiegswegen. Die Seilschwebebahn zu den *Piani d'Erna* (1330 m; kleines Skigebiet) verkürzt den langen Zugang auf gut 2 Std. (Anstieg durch den »Canale del Bobbio«, Trittsicherheit erforderlich, mit Abstieg zur Talstation etwa 5 Std.).

Lago di Garlate (198 m; Fläche 4,6 km²). Unmittelbar an den Lario schließt der kleine *Garlatesee* an, eingebettet zwischen dem Monte Barro (922 m; Panorama) und den Ausläufern des Resegone, die Uferstreifen größtenteils verbaut. Die Pfarrkirche von *Maggianico* am östlichen Seeufer bewahrt Gemälde von Bernardino Luini und Gaudenzio Ferrari. Das *Seidenmuseum* in *Garlate* erinnert an den einst wichtigsten Industriezweig des Lecchese; jeweils am ersten Sonntagnachmittag im Monat steht das *Museo Abegg* den Besuchern offen.

Route 10

Lecco – Varenna – Colico (41 km)

Die Strecke am Ostufer des Comer Sees von Lecco bis zum oberen See-Ende ist heute, nach der Eröffnung der neuen Autobahn, leicht in einer halben Stunde zu bewältigen; für Fernreisende, die sich früher durch die engen, kurvigen Uferstraßen quälten, eine wesentliche Erleichterung. Kennenlernen kann man den See und sein Hinterland auf diese Weise natürlich nicht; immerhin vermittelt die Fahrt aber einen Eindruck von der Lage dieses langgestreckten zweibeinigen Eiszeitrelikts, das wie ein »Alpenfjord« zwischen den steil aufsteigenden Bergflanken liegt.

Um die Landschaft in ihrer Vielgestaltigkeit zu erleben, muß man in die Höhen über den See aufsteigen. Zu Fuß geht das immer noch am besten, wenn man Mühe und Schweiß nicht scheut. Bei den Anstiegen in die Grigne und zum Monte Legnone darf das, vor allem im Sommer, durchaus wörtlich verstanden werden; eine wesentlich bequemere Variante eröffnet die »Panoramica del Lario«, eine ordentlich ausgebaute Straße durch die nördlichen Ausläufer der Grigne, mit prächtigen Ausblicken auf den See und seine Landschaftskulisse. Zwischen Varenna, Bellagio und dem Westufer des Lario bestehen Fährverbindungen; längere Wartezeiten gibt's in der Regel nur an Sonntagen, Abfahrt alle 30 bis 45 Min.

Erster Ort am Ostufer des Lago di Lecco, wie der östliche Arm des Sees auch genannt wird, ist

Abbadia Lariana (204 m; 2200 Einw.), 7 km von Lecco, auf dem Schwemmkegel des Zerbo-

Bachs gelegen. Der Name des Ortes weist auf ein längst verschollenes Benediktinerstift hin; älteste Siedlungsspuren reichen bis in vorrömische Zeit. Alte Bausubstanz hat sich vor allem in den höhergelegenen Ortsteilen erhalten; einen hübschen Ausblick bietet der *Monte di Borbino* (486 m; 30 Min.). Weniger erbaulich dagegen ist der Zustand der kleinen Martinskirche (Freskenreste 15. Jh.) am Weg zum »Gipfel«.

Dem Verfall preisgegeben war auch die alte Seidenfabrik von 1919; zur Zeit entsteht hier ein »lebendiges« Museum, dessen Kernstück eine mächtige wasserbetriebene Seidenspinnmaschine mit 432 Spulen bildet (Eröffnung voraussichtlich 1993).

🏨 »La Rosa«. – 🏠 »La Capannina«.

⛺ »Spiaggia«, »Grignetta«.

Die Seidenverarbeitung hat in der Leccheser Gegend eine lange, bis weit in vorindustrielle Zeiten zurückgehende Tradition, ebenso in

Mandello del Lario (214 m; 9500 Einw.), 10 km. Berühmt geworden ist der Ort aber vor allem durch die Motorräder der Firma Guzzi, gegründet 1921, die über Jahrzehnte hinweg auf den Rennstrecken Europas erfolgreich waren.

Neben PS-starker Technik hat Mandello, im 16. Jh. unter der Sfrondati-Herrschaft Zentrum des sogenannten »Feudo della Riviera« (politischer Zusammenschluß zahlreicher Orte am See), auch Kunsthistorisches zu bieten: die Pfarrkirche *San Lorenzo* (9., 12. und 17. Jh.), alte Bürgerhäuser mit Arkadengängen und die reich ausgestattete Kirche *Madonna del Fiume* (1642), eine der geglücktesten Barockschöpfungen der Region. In die naiv wirkende Farben- und Formenwelt des Spätmittelalters entführt das Kirchlein *San Nicolò* (15. Jh.), das am Ortseingang wenig oberhalb der Straße steht.

Zeitlos dagegen ist die Bergkulisse von Mandello, ein in den Himmel ragender Zackengrat, der das steile Meria-Tal in weitem Bogen umschließt: die **Grigne*. Von den höhergelegenen Ortsteilen führen gut markierte, aber recht lange Wege in dieses prächtige Wander- und Kletterrevier mit unerschöpflichen Tourenzielen: Rongio (398 m) – Rifugio Rosalba (1730 m) 4 Std., Rongio – Rifugio Elisa (1515 m) 3½ Std., Somana (380 m) – Rifugio Bietti (1719 m) 3¾ Std.

Lierna (207 m; 1500 Einw.), 15 km, ist uraltes Siedlungsgebiet; hier wurden Funde aus der Bronzezeit und die Fundamente einer römischen Villa ausgegraben. Im Ortsteil *Castello* steht ein Kirchlein, das zu einer mittelalterlichen Burg gehörte, von der noch Mauerreste in den umliegenden Häusern stecken.

Einen kurzen Zwischenhalt verdient dann der *Fiumelatte,* der »Milchbach«, vor Varenna. Er entspringt etwa bei Kilometer 20 oberhalb der Bahnlinie und mündet nach nur 250 m bereits in den See. Nicht ganz zu Unrecht wird er deshalb als »Italiens kürzester Fluß« apostrophiert; bereits Leonardo da Vinci erwähnte ihn in seinem »Codice Atlantico«. Und das milchigweiße Gewässer ist nicht nur extrem kurz, es sprudelt, aufgrund eines geologischen Phänomens, auch nur vom Frühjahr bis zum Herbst. Der abschmelzende Schnee in den Grigne sickert durch den Kalkfelsen und tritt nur wenig oberhalb des Seespiegels durch eine Grotte wieder zutage.

Das ganze Jahr über kann man dagegen

***Varenna** (220 m; 1000 Einw.), 22 km, besuchen, das an der breitesten Stelle des Sees (4,5 km) liegt. Malerisch der verschachtelte Ortskern mit seinen schmalen Gäßchen, die zum Ufer hinableiten, überragt vom Turm der Pfarrkirche *San Giorgio.* Die Basilika aus der Zeit um 1300 wurde im 17. und 18. Jh. umgestaltet (gute Ausstattung, Altarbild »Taufe Christi« von Sigismondo de Magistris, 1553).

Im Haus des Verkehrsvereins ist ein kleines *Vogelmuseum* eingerichtet; es zeigt mehr als 300 in der Comer-See-Region heimische Arten.

Kurz vor dem Ortseingang liegt links am See die *Villa Monastero* mit ihrem prächtigen Park. Der Bau geht im Kern auf ein Nonnenkloster zurück, das 1208 von Zisterzienserinnen gegründet und dreieinhalb Jahrhunderte später vom hl. Karl Borromäus (angeblich wegen Verfalls der Sitten) aufgelöst wurde. Nach mehreren Besitzerwechseln und Umbauten kam die historisch-prunkvoll ausgestattete Villa 1953 an den italienischen Staat, der hier kulturelle und wissenschaftliche Tagungen durchführt. Kurz vor seinem Tod hielt der Physik-Nobelpreisträger Enrico Fermi (1901–1954) in dem Gebäude vielbeachtete Vorlesungen. Der Italiener leitete u.a. den Bau des ersten Kernreaktors in den USA (1942).

🚆 Lecco, Colico.

🚌 Esino.

⛴ Autofähre; Uferorte und Rundfahrten.

🏨🏨 »Du Lac«, »Royal Victoria«. – 🏨 »Olivedo«, »Milano«. – 🏠 »Cavallino«.

Nicht versäumen sollte man von Varenna aus den Abstecher hinauf nach

*** Esino Lario** (912 m; 800 Einw.), 12 km. Die Straße windet sich an steilen Hängen über dem gleichnamigen Bach bergan zu dem Dörfchen. Von der Pfarrkirche, die man zu Fuß über einen Kreuzweg erreicht, bietet sich ein weiter Blick nach Westen, auf den Comer See bis zum Luganer See; im Südosten bauen sich Grate und Gipfel der Grigne auf. Beachtliche historische und geologische Funde aus der Gegend zeigt das *Museo della Grigna* im Gebäude des Verkehrsvereins.

Wer von der Theorie zur Praxis übergehen möchte, hat in Esino einen vorzüglichen Ausgangspunkt für Wanderungen und Bergtouren. Eine recht gut ausgebaute Straße führt südlich bis Vo di Moncodeno (1460 m); zu Fuß erreicht man dann in gut 1 Std. die im Sommer bewirtschafteten Hütten im Norden und Westen des Grignone (2409 m). Und für Ambitioniertere ist es dann nicht mehr allzu weit auf diesen höchsten Gipfel der gesamten Grigne: je etwa 2 Std. vom Rifugio Bietti (1719 m) bzw. vom Rifugio Bogani (1816 m), markiert.

Autowanderer dagegen benutzen die »Panoramica del Lario« als Aussichtsroute durch die nördlichen Ausläufer der Grigne, knapp 20 km bis in die *Valsassina* (s. S. 63).

Die Uferstraße führt an der Punta di Morcate vorbei; dann ist

Bellano (202 m; 4500 Einw.), 27 km, erreicht. Auch hier findet man den für die Region typischen engen Dorfkern, malerische Gäßchen und Winkel neben gesichtslosen Neubauten. Die Pfarrkirche *Santi Nazaro e Celso* wurde um die Mitte des 14. Jhs. von Baumeistern aus Campione und dem Intelvital errichtet; Schmuck der schwarzweiß gestreiften Fassade ist eine große Fensterrosette.

Touristische Hauptattraktion von Bellano ist sein *Orrido,* die wildromantische Mündungsklamm des Pioverna-Bachs – ein beliebtes Ausflugsziel in Ortsnähe, leichter Nervenkitzel inklusive (kühn angelegter Steig).

⛴ Uferorte, Rundfahrten.

🏨🏨 »Meridiana«. – 🏠 »All 'Orrido«, »Cavallo Bianco«.

Unmittelbar am Eingang ins *Valvarrone* (siehe Route 11) liegt der Industrieort

Dervio (204 m; 2400 Einw.), 31 km, mit einer im Ursprung noch romanischen Pfarrkirche und einem spätmittelalterlichen Turm (14. Jh.). Mehr Interesse verdient der malerische Flecken **Corenno Plinio* (230 m), 32 km, von dem schon Plinius d. Ä. geschwärmt haben soll. Kirche, Burgruine und einige schöne, alte Häuser liegen dicht gedrängt auf einer kleinen Anhöhe über dem Seeufer.

Das reizvollste Ensemble am Ostufer des Lario ist aber die

*** Abtei von Piona.** Sie liegt auf der Spitze einer Halbinsel, die durch die Bucht des Laghetto di Piona vom großen See getrennt ist (Zufahrt 2 km). Gegründet wurde das Kloster bereits im 7. Jh.; die bestehenden Bauten sind aber wesentlich jüngeren Datums: San Nicolò, eine einfache Hallenkirche mit halbrunder Apsis und offenem Dachstuhl, wurde 1138 geweiht, der stimmungsvolle Kreuzgang um die Mitte des 13. Jhs. errichtet. Ursprünglich von Cluniazensern im 11. Jh. besiedelt, wurde Piona im 15. Jh. eine Ordenspfründe und verfiel. Heute wird die Abtei von Zisterziensern bewohnt, die auf ihrem idyllischen Eiland nicht nur ein gottgefälliges Leben führen, sondern auch einen vorzüglichen Likör brennen.

Nördlichste Ortschaft am Ostufer des Sees ist

Colico (218 m; 5000 Einw.), 41 km. Die schroffen, nur schütter bewaldeten Berge rundum verleihen der Landschaft hier einen herb-alpinen Zug. Gut in dieses Bild fügen sich auch die Ruinen auf dem *Montecchio* (298 m), nordöstlich von Colico, ein.

Die Überreste stammen von einer 1798 durch die Franzosen geschleiften Festung, die der Spanier Graf Fuentes, Gouverneur des Herzogtums Mailand, Anfang des 17. Jhs. zur Grenzsicherung gegen die Schweizer anlegen ließ. Die spanischen Besitzungen im heutigen Italien sind längst Geschichte, das Veltlin gehört auch nicht mehr den Bündnern; einzig der Name des ausgedehnten Adda-Mündungsdeltas *Piano di Spagna* erinnert noch an jene Zeit. Die »Spanische Ebene« ist heute ein wichtiger Verkehrsknotenpunkt.

🚂 Chiavenna, Sondrio, Lecco.

🚌 Gravedona, Menaggio.

⛴ Uferorte, Rundfahrten.

🏨🏨 »Risi«. – 🏨 »Aurora«, »Da Gigi«. – 🏠 »Belvedere«, »La Stüa«.

⛺ »Lido«, »Piona«.

Lecco – * Valsassina– Bellano/Derivo (36 bzw. 56 km)

Die *Valsassina* und das *Valvarrone* – zwei typische Südalpentäler, nahe der lombardischen Tiefebene, keine Autostunde von Mailand entfernt, Hinterland des Lario – und doch ganz anders als die Seeregion. Für diese »Valli« interessierten sich die Reisenden des 18. und 19. Jhs. kaum; Berge waren zu jener Zeit vor allem pittoreske Kulisse, stilvolles Nichtstun galt mehr als mühsames Umhersteigen. Daß sich aber die beiden Täler der Pioverna und des Varrone erst spät dem Tourismus öffneten, war für sie eher von Vorteil. Die Erschließung verlief behutsam, Liftanlagen baute man lediglich bei Barzio und am Pian delle Betulle. Schmucke Bergdörfer mit vorzüglich erhaltenem Baubestand in einer weitgehend unversehrten Natur laden zum Wandern und Herumstreifen ein.

Die **Grigne* sind seit Jahrzehnten ein stark frequentiertes Tourengebiet, auch von Anhängern des Klettersports; in jüngster Zeit verzeichnen auch die Berge östlich der Valsassina wie die Campelli-Gruppe oder der Monte Lagnone (2609 m), höchste Erhebung am Comer See, mehr Besucher.

Besiedelt waren diese Täler bereits in vorgeschichtlicher Zeit; im oberen Valvarrone begann schon mit den Römern der Eisenerzabbau. Im Mittelalter schlossen sich die Orte dann zur »Magnifica Comunità della Valsassina« zusammen, um so eine weitgehende Eigenständigkeit zu wahren. Bis in die Zeit der spanischen Herrschaft waren Erzabbau und Verhüttung Haupterwerb; vom 17. Jh. an führten Familienfehden, Pestepidemien, aber auch Einfälle fremder Truppen (wie jene des französischen Herzogs Rohan in Graubündner Diensten) zum Niedergang. Erst verhältnismäßig spät, seit dem 19. Jh., breitete sich die Käseherstellung mehr und mehr aus; heute genießen die Produkte aus der Region einen vorzüglichen Ruf. Positive Nebenwirkung: eine zumindest in Teilen intakte Almwirtschaft, ganz im Gegensatz zu anderen Regionen der italienischen Alpen.

Den Eindruck von der »eisernen« Industrie- und Geschäftsstadt Lecco (s. S. 56) läßt man gerne hinter sich auf der Fahrt hinauf nach *Ballabio*. Eher behält man die nahezu senkrechten Felsabstürze des Corno Medale (1028 m) im Gedächtnis, die sich nördlich über Lecco aufbauen. Stimmungsvoll dann der Rückblick auf das unterste Seebecken, zum Monte Barro (922 m) und weit hinaus in die Brianza. Bei

Ballabio (655 m; 1200 Einw.), 8 km, das aus einem unteren und einem höhergelegenen Ortsteil besteht, zweigt rechts die kurvenreiche Straße nach *Morterone* (1070 m; 13 km) ab: Die kleine Reise führt ans Ende der Welt, durch das menschenleere *Val Boazzo,* über dem links die steile, mit bizarren Türmen besetzte Flanke des Monte Due Mani aufragt, kurvenreich bergan zu einem 1210 m hohen Sattel, der schlicht »Forcella« (Scharte) heißt, und weiter zu dem einsamen Ort. Keine 10 km Luftlinie, aber eine halbe Welt liegt zwischen dem Stadtzentrum von Lecco und den wenigen Häusern von Morterone – der Name suggeriert sterbende Bergbauernidylle.

Für wanderlustige Besucher ist der Weg hier noch nicht zu Ende, sie besteigen in 2 Std. den *Resegone* (1875 m; markierter Weg); Panorama und faszinierender Blick hinunter auf Lecco ver-

Wander- und Kletterparadies: Die Grigne

stehen sich von selbst (Abstiegsmöglichkeit zu den Piani d'Erna, s. S. 58).

Ein lohnendes Tourenziel ist auch der höchste Punkt des *Monte Due Mani* (1657 m), 3 Std. aus dem Boazzo-Tal, auf einem markierten Pfad oder einem luftigen Klettersteig (nur für Geübte mit entsprechender Ausrüstung!). Das alpinistische Hauptinteresse konzentriert sich aber auf die *Grigne,* jenes vielgipflige Kalkmassiv zwischen Comer See, Lecco und Valsassina; Ballabio ist Ausgangspunkt der Straße zu den *Piani di Resinelli* (1280 m; 8 km), der bevorzugten Basis für Wanderungen und Klettertouren in dieser Region (vgl. S. 58).

🚌 Lecco.

🏨 »Sporting Club«. – 🏠 »Gera«.

⛺ »Grigna«.

Am *Colle di Balisio* (723 m), 11 km, überquert man die Wasserscheide zur **Valsassina;* rechts zweigt hier die Zufahrt nach Cassina Valsassina (848 m) und weiter nach *Moggio* (890 m; 5 km) ab. Eine Gondelbahn erschließt das Skigebiet der *Piani di Atravaggio;* von der Bergstation (1530 m) aus sind im Sommer schöne Almwanderungen und verschiedene leichte Gipfelbesteigungen möglich, etwa rund um den Monte Sodadura (2010 m; 2 ½ Std.), zur Aralalta (2006 m; 4 Std.) oder auf den Zuccone di Campelli (2159 m; 3 Std.). Letzterer ist ein markanter Felszacken und mit seinen Graten auch ein frequentiertes Kletterrevier (Touren im III.–VI. Grad der Alpenskala).

Moggio ist weiter Ausgangspunkt einer Bergstraße mit dem etwas hochtrabenden Namen *Prealpina Orobica;* sie führt über den *Culmine San Pietro* (1254 m) und stellt so eine Verbindung mit dem Val Taleggio bzw. dem Valle Brembana, dem größten Tal der Bergamasker Alpen (Alpi Orobie), her. Den »Taleggio«, einen würzigen Bergkäse, dürften viele kennen; ihn genießt man allerdings besser mit einem Glas Rotwein als mit einem »San Pellegrino«, dem berühmten Mineralwasser aus dem Brembana-Tal.

Meistbesuchter Ferienort in der Valsassina ist

Barzio (767 m; 1200 Einw.), 2 km nördlich von Cassina. Kunstinteressierte werden dem *Medardo-Rosso-Museum* in der alten Taufkirche einen Besuch abstatten; es zeigt eine umfangreiche Kollektion von Werken (teilweise Kopien) des berühmten impressionistischen Bildhauers (1858–1928).

🚌 Lecco.

🚡 Gondelbahn Piani di Bobbio; Sessel- und Skilifte.

🏨 »Grand Hotel Ballestrin«.

🏨 »Cristallo«, »Principe«.

🏠 »Esposito«, »Pilati«.

Auch Barzio hat seine Liftanlagen; eine Gondelbahn erschließt das Wander- und Skigebiet der *Piani di Bobbio* (1662 m); markierte Wege führen u. a. über den Passo del Toro (1980 m) ins Tal der Troggia und hinab nach Introbio (5 Std.), zu den Piani di Artavaggio (etwa 1 ½ Std.), auf die Corna Grande (2090 m; 1 ½ Std.) sowie auf den Zuccone di Campelli (2159 m; 2 Std.); Liebhaber von Klettersteigen (»Vie ferrate«) finden am *Zucco di Pesciola* (2092 m), einem Nebengipfel des Campelli-Stocks, eine ungewöhnlich spektakuläre Route, die Vergleiche selbst mit den berühmten Dolomiten-Steigen aushält (»Ferrata Rebuzzini«, 2 ½ Std.). Die Rundschau von den Cime Campelli reicht tief in die Bergamasker Alpen; unmittelbares Gegenüber im Westen ist der *Grignone* (Grigne Settentrionale, 2409 m). Von

Pasturo (641 m; 1200 Einw.), 14 km, besteigt man den höchsten Gipfel der Grigne in 5 Std.; Stützpunkt am Weg ist die im Sommer bewirtschaftete Pialeral-Hütte (1412 m).

🏠 »Grigna«.

Hinter der einst befestigten Talenge von Baiedo (Ruinen einer 1513 zerstörten Burg) liegt

Introbio (588 m; 1200 Einw.), 17,5 km, der alte Hauptort der Valsassina. Mitten im Dorf erhebt sich ein mächtiger Festungsturm (12. Jh.); in der modernen Pfarrkirche hängen mehrere Gemälde von Künstlern der venezianischen Schule des 16. bis 18. Jhs.

🚌 Bellano.

🏠 »Sala«.

Beliebtestes Wanderrevier von Introbio ist das malerische Hochtal des Troggia-Bachs, der unweit seiner Mündung als prächtiger Wasserfall *(Cascata della Troggia)* herabstürzt (20 Min. vom Ort). In etwa 2 ½ Std. steigt man auf zu den Almen im Talinnern (mehrere Schutzhütten), in weiteren 1 ½ Std. zum *Lago del Sasso* (1922 m), der in einem stillen Kar unter dem *Pizzo dei Tre Signori* (2554 m) liegt. Die »Dreiherrenspitze« läßt sich auch besteigen, ein dankbares, nur wenig anspruchsvolles Ziel, etwa 5 Std. ab Introbio.

Kirchliches Zentrum der Valsassina war früher

Primaluna (558 m; 1400 Einw.), 20 km (Heimatmuseum), doch konzentrierte sich in diesem Bergdorf auch beachtliche weltliche Macht: Die aus Primaluna stammenden Della Torre beherrschten im Mittelalter die gesamte Valsassina, kurzzeitig hatten sie sogar die Macht über das Herzogtum Mailand. Heute erzählt nur noch der (restaurierte) Ansitz von ihrer Vergangenheit.

⌂ »Della Posta«.

Bei *Cortenova* (477 m), 24 km, zweigt links die »Panoramica del Lario« nach Esino ab (s. S. 60), vor *Taceno* (507 m) die Straße ins Valvarrone. Wer sich also nicht für die Fahrt talabwärts nach Bellano, 36 km (s. Route 10), entscheiden will, fährt hinauf nach

Margno (730 m; 300 Einw.), 30 km, das wenig unterhalb der Wasserscheide zum Torrente Varone liegt. Die Pfarrkirche *San Bartolomeo* stammt aus dem 15. Jh., wurde später aber stark umgebaut; sie bewahrt ein gotisches Triptychon (14. Jh.). Im Winter ist recht viel Betrieb im Skigebiet der Pian delle Betulle (1484 m); im Sommer verlocken die Höhen zum Wandern, etwa von Pian delle Betulle zur Cima d'Olino (1784 m; 2 Std.).

🚌 Bellano.

🚡 Gondelbahn Pian delle Betulle; Skilifte.

🏨 »Baitock«, »Larice«.

⌂ »Funivia«, »Margno«.

Hinter dem Dorf hat man links die Abzweigung einer lohnenden, aber sehr kurvenreichen Straße, die an der Sonnenseite der untersten Valsassina über *Indovero* (im uralten Martinskirchlein vergoldeter Barockaltar von 1667) und *Vendrogno* hinabführt nach *Bellano* (17 km); sie wird von prächtigen Ausblicken begleitet, vor allem auf den Comer See und die Berge zur Schweizer Grenze. Noch umfassender ist die Sicht vom *Monte Muggio* (1799 m).

Ein kurvenreicher, schmaler Fahrweg, der zur *Alpe Giumello* (Rifugio Vittoria, 1478 m) hinaufführt, verkürzt den Anstieg auf knapp 1 Std. Von dem kahlen Höhenrücken genießt man das See- und Bergpanorama sowie den Blick in die Valsassina und ins Valvarrone; im Nordosten baut sich massig der Monte Legnone (2609 m) auf, immerhin höchster Gipfel der Comer-See-Region, aber fast noch ein Zwerg neben dem Monte Rosa (4634 m), der an klaren Tagen am fernen westlichen Horizont auszumachen ist.

Viel näher, am Fuß des Legnone-Massivs, liegt

* **Premana** (951 m; 1700 Einw.), 38,5 km, ein stattlicher Ort und in mancher Hinsicht einzigartig: Man spricht hier einen eigenen Dialekt (der stark von der venezianischen Mundart beeinflußt ist), die Frauen tragen – vor allem bei Hochzeiten – noch ihre alten, kostbaren Trachten, das Siedlungsbild zeigt kaum modern-häßliche Narben. Berühmt ist Premana für sein Schmiedehandwerk, vor allem für die Herstellung von Sensen und Sicheln. Das 1974 eröffnete *Volkskundliche Museum* informiert anschaulich über dieses Handwerk und seine Geschichte.

Im Valvarrone wurde aber nicht nur das »Eisen geschmiedet«; im Talinnern finden sich noch heute die Spuren aufgelassener Erzgruben, etwa bei einer Wanderung hinauf zur Bocchetta die Trona (2122 m; 3 ½ Std.). Hausberg von Premana ist der *Pizzo Alto* (2512 m), für dessen Besteigung neben Ausdauer (5 Std.) auch etwas Bergerfahrung notwendig ist. Überragt wird der »Hohe Spitz« vom benachbarten **Monte Legnone* (2609 m), einem großartigen Aussichtspunkt. An klaren Tagen reicht die Sicht vom Mont Viso (3841 m), der hinter Turin in den Cottischen Alpen aufragt, bis zum Ortler (3905 m); fast 2,5 Kilometer tiefer glitzert die Wasserfläche des Comer Sees.

Den Legnone kann man von verschiedenen Seiten besteigen, auch von *Pagnona* (806 m), 41 km, aus, doch sind alle Wege sehr lang, im Sommer entsprechend heiß und anstrengend. Einzige Ausnahme ist der Westweg über die Punta dei Merli (2129 m), 3 ½ Std. vom Rifugio Roccoli dei Lorla (1463 m), zu dem von *Tremenico* (739 m), 47,5 km, ein zwar schmales, aber asphaltiertes Sträßchen emporführt (8,5 km). Wem der Legnone eine Nummer zu groß ist, der sollte zumindest seinem kleinen Bruder, dem *Monte Legnonico* (1714 m), einen Besuch abstatten; nur knapp 1 Std. vom Schutzhaus auf einem alten Kriegsfahrweg (für Mountainbiker geeignet). Wenig unterhalb des Gipfels steht das alte Kirchlein *San Sfirio;* ganz oben belohnt dann das herrliche Panorama.

🚌 Bellano.

⌂ »La Peppa«, »Teglio«.

Über *Introzzo* (687 m) und das über der Mündung des Valvarrone gelegene *Vestreno* (587 m) führt die Straße in zahlreichen Serpentinen nach

Dervio (s. Route 10), 56 km.

Register